교실에서 만드는 교육 영상 이야기

영상공모전 30회 수상 섬마을 초등 교사의
교실에서 만드는 교육 영상 이야기

초판 1쇄 인쇄 2021년 12월 19일
초판 1쇄 발행 2021년 12월 30일

지은이 이탁훈
펴낸이 임태순
펴낸곳 도서출판 행북
출판등록 2018년 5월 17일 제2018-000087호
주소 경기도 고양시 일산서구 탄현로 136
전자우편 hang-book@naver.com
블로그 blog.naver.com/hang-book
전화 031-979-2826
팩스 0303-3442-2826

값 17,800원

ⓒ 2021, 이탁훈

ISBN 979-11-964346-8-7 03370

영상공모전 30회 수상 섬마을 초등 교사의

교실에서 만드는
교육 영상 이야기

이탁훈 지음

행;북

학생들과 함께 영상을 만드는 즐거움

렌즈를 통해 학생들을 보는 시간

우리가 살아가면서 직접 마주하는 대상을 다른 물체를 통해 보게 될 때 낯선 경험을 느끼곤 한다. 오래전 아버지의 망원경으로 저 멀리 달을 볼 때 마치 내가 닐 암스트롱Neil Alden Armstrong이 된 것 같은 경험이었다. 또 중학교 1학년 때 처음 안경을 썼는데, 선명한 색상과 또렷한 시야로 인해 주변 세상이 참 아름답고 새로웠다. 심지어 짝사랑하는 여학생을 멀리서도 아주 또렷하게, 그리고 이뻐 보이게 해 주었다. 요즘 학생들이 수업 시간이 이미 끝났음에도 현미경 앞에서 눈을 떼지 못하고 계속 작은 세상을 바라보는 이유도 마찬가지일 것이다.

요즘 나는 카메라 렌즈를 통해 학생들을 바라보는 시간이 늘었다. 학생들이 활동하는 모습, 공부하는 모습, 쉬는 시간에 각자 다른 방식으로 시간을 보내는 순간들을 영상으로 담고 있다. 렌즈를 통해 바라보는 학교 현장은 다른 새로운 매력이 있다. 평소 지나쳤던 아이들의 웃는 장면을 다시 영상으로 볼 때 어쩌면 하늘에서 천사가 우리 교실로 내려온 것 아닌가 싶을 만큼 새롭게 보인다. 평소 세밀하게 챙겨 보지 못했던 학생들의 활동 모습이 렌즈를 통해서 볼 땐 자신이 이루려는 목표에 최선을 다해 애쓰는 기특한 모습이 담기기도 하고, 10분이라는 쉬는 시간을 그들 나름대로 의미 있게 보내는 소소한 일상이 담기기도 한다.

교육 영상 제작이란?

    렌즈를 통해 투영된 학교와 그 안에서의 일상과 학생들의 활동 그리고 학교 주변은 평상시와 다르게 보인다. 그래서 카메라 렌즈로 주변을 담는 것은 새로운 '시선관심'과 '시각자세'으로 바라보는 과정이기도 하다. 대상의 한 면으로 전체를 판단할 수 없듯 다양한 시선으로 바라보고 이해하는 것은 매우 중요하다. 특히 학교 현장에서 사제동행師弟同行하면서 함께 꿈을 이루어가는 학생들에 대해 여러 상황과 여건 가운데 바라볼 필요가 있다. 그럴 때 영상은 아주 매력적인 역할을 할 수 있다.

    간혹 주변 선생님들과 이야기를 나누다 보면 3월부터 다음 해 2월까지 도돌이표처럼 반복해서 운영되는 학교생활이 해를 거듭할수록 몸과 마음을 지치게 하거나 학교를 대하는 마음마저 무뎌지게 만든다는 이야기를 하곤 한다. 나 또한 지금은 아닐지라도 20년 남짓한 정년까지 제자들을 한결같은 마음으로 사랑하고 배움을 줄 수 있을까 생각해 보곤 한다. 학교 현장에서는 다재다능한 선생님들이 많은데, 제자들을 사랑하고 배움을 주면서 실천하는 나만의 방법이 있다면 바로 '교육 영상 제작'이다. 교단에서 은퇴하는 그날까지 매년 아이들과 함께 영상 제작할 것을 생각하면 저절로 미소 짓게 된다. 실제로 교육 영상 제작을 시작하고 나서부터는 무료해 보이던 내 주변의 교실과 학교 현장이 영상을 매개로 활기를 띠게 되기도 하고, 영상을 통해 바라본 새로운 '시선'과 '시각'이 교육 목적으로도 효과적으로 사용되었다.

배우고 연구할수록

이 책은 영상 제작에 매력을 느껴 학교 현장에서 학생들과 즐겁게 촬영하다가 때로는 영상 결과물을 학생들과 학부모뿐만 아니라 학교와 함께 공유하면서 그 즐거움을 나누기 위해 매번 새벽녘까지 편집하곤 했던 교육 영상 제작기다. 나는 대학생 때 사진동아리를 잠시 한 것 외에는 별반 내세울 것 없는 아마추어에 불과하다. 하지만 궁금한 것이 있으면 인터넷 커뮤니티와 SNS 채널을 수시로 들락거리면서 학교에서 무엇을 촬영하면 좋을까 하고 늘 즐거운 상상을 즐기는, 마음만은 영상 제작자이자 일명 '덕후'다. 영상 관련 지식들을 하나하나 배워가면서 이렇게 즐거웠던 적은 없었다. 어쩌면 영상 제작에 대한 나만의 노하우를 진액처럼 정리한 이 책이 누군가에게는 영상 제작에 대한 자신감을 주고 도화선이 될 수 있기를 바란다.

먼저 영상 제작 이야기를 시작하기 전에 한덕연 원장님의 『복지논어』에 실린, 『논어』 "학이편" 1장의 한 구절을 소개하고자 한다.

子曰, "學而時習之, 不亦說乎? 有朋自遠方來, 不亦樂乎? 人不知而不慍, 不亦君子乎?"

배우고 연구하여 갈수록 더 잘 알게 되고 더 잘 행하게 되면 참으로 기쁘지 않을까요? 그 학문과 실천을 알아주는 벗이 있어 멀리서도 찾아와 더불어 절차탁마하면 참으로 즐겁지 않을까요? 스스로 마땅히 여겨 행할 뿐 알아주지 않아도 서운하지 않으면 참으로 군자답지 않을까요?

After Corona

BC^Before Christ와 AD^Anno Domini가 기원 전후를 나타내는 기준이었다면 요즘은 코로나19 이전과 이후를 나타내는 표기로 BC^Before Corona와 AC^After Corona가 익숙해지고 있다. 나 또한 개인 방역에 신경 써야 하는 야외 활동이 많이 줄어든 대신, 나만의 공간에서 몸과 마음을 가꾸는 일에 관심이 많아졌다. 집에서 운동홈 트레이닝을 하고, 악기도 배우고, 영어 공부와 웹툰 그리기, 영상 편집도 배우면서 지낸다. 슬기로운 방구석 생활을 위한 온라인 취미 수강 누리집이나 다양한 취미 관련 도서와 홈키트^homekit 등 섬에서 사는 나에게 AC^코로나 이후는 많은 배움의 기회를 선사하고 있다.

영상에는 부끄럽지만 『논어』 "학이편"처럼 정말로 즐거워하는 나의 모습을 볼 수 있다. 새로운 것을 익히고 배울 수 있는 나만의 시간을 갖기 위해 집으로 향하는 방과 후 퇴근길은 언제나 즐겁다. 먼저 무엇을 배우고 어떻게 시간을 보낼까 하는 생각만으로도 행복 회로가 머릿속에서 '삐리릭' 재빠르게 작동한다. 이러한 생각이 그저 나만의 모습은 아닐 것이다. 주위 선생님이나 친구들을 보면 더 많이 배우려고 하거나 생각이 같은 분끼리 지식을 공유하면서 성장해 가는 모습을 자주 보기 때문이다. 아내도 AC를 기점으로 주식 공부에 대한 태풍급 관심에 올라타면서 평소 보지도 않던 주식 관련 유튜브 채널과 경제 뉴스까지 꼼꼼히 챙기면서 배워가고 있다. 비록 마이너스 수익률이라 간혹 사슴 같은 눈망울에 살짝 촉촉하게 습기가 차오르기도 하지만, 수강료라 생각하면서 여전히 배움의 끈을 놓지 않고 있다.

학생과 함께 만드는 영상 제작

단언컨대, 이 책을 집어 들었다면 새로운 지식을 배우는 것에 즐거워하는 분이시라 확신한다. 아니라면 이 책을 읽고 배움에 대한 생각이 들도록 도움을 드리고자 한다.

[The-K 크리에이터] 섬마을 선생님의 슬기로운 관사 생활 V-log | 퇴근길을 항상 즐겁게 만들어 주기도 했던. 섬마을 선생님의 관사 생활을 표현한 영상이다.

이 책은 교육 영상 제작에 관해 스스로 배우고 연구해서 터득한 노하우에 더하여 시행착오를 거쳐서 교육 현장에서 즐겁게 활용하고 효과를 본 경험을 정리한 내용이다. 이 책을 쓰는 데 들인 시간보다 영상을 만들기 위해 들인 시간이 압도적으로 많을 정도로 삶의 일부가 된 영상 제작 이야기를 담아내려 했다. 학생들과 함께 영상을 만들면서 누렸던 즐거움, 공모전에 출품한 작품이 수상의 영예를 안았을 때의 즐거움 등도 엿볼 수 있다.

무엇보다 영상 제작을 초등학생도 할 수 있도록 쉽게 정보와 경험을 공유하고 그동안 터득한 유익하고 쓸모 있는 내용을 전해 드리려자 한다. 비록 독자분들과 책으로만 만나겠지만, 그동안 스스로 터득하여 제작한 영상을 기반으로 나의 제작 경험이 독자분들에게도 유익한 도움이 되도록 집필했다. "학이편"의 구절처럼 학문과 실천을 알아주는 벗이 이 책을 통해 멀리서 찾아왔다고 생각해 주시면 감사하겠다. 그래서 함께 절차탁마 切磋琢磨하며 그 즐거움을 함께 나눠 보면 좋겠다.

1인 미디어 시대인 요즘은 누구나 쉽게 온라인 플랫폼을 통해 영상 콘텐츠를 소비하고 생산하는 시대다. 영상은 영상 제작자의 의도가 담긴 스토리텔링이기도 하고, 종합 예술이기도 하다. 교사든 학생이든 누구나 목적을 가지고 영상을 매개로 교육에 활용하면 어떤 효과가 있을까? 그 활용 가능성은 무한하다. 이 책에서 들려드리는 교육 영상 제작기가 교육 영상 제작하는 데 첫걸음을 시작하는 분들이나 아직도 머뭇거리는 분들에게 많은 자신감과 도움이 되었으면 하는 바람이다.

2021년 11월 30일
교육 현장 속 일상을 영상으로 담고 있는 교사 이탁훈

|차 례|

1부 영상, 교육 현장에서 녹여내기

보츠와나의 케틀로게췌초등학교(Ketlogetswe primary school) 4학년 학생들과의 단체 촬영 | 2년간 현지 학교에서 근무하면서 교육 영상 관련하여 많은 경험을 쌓았다. 영상 촬영부터 어떻게 영상을 활용하고 제작할지 등 교육 현장에서 영상을 녹여내는 방법을 직접 익히게 된 계기였다.

보츠와나 교육부 간담회 및 오리엔테이션 행사에서 보츠와나 현지 방송과의 인터뷰 장면 | 현지에서는 한국에서 파견된 선생님들의 새로운 교수법과 지도법이 꽤 이슈였다. 간담회에서는 교육 영상과 컴퓨터 활용 수업 사례를 발표했고, 현지 교육부 관계자분들이 관심을 보여 주었다.

영상의 힘

학교 현장에서 영상의 힘은 막강하다. 내가 근무하는 교실에는 평상시 판서하는 화이트보드 뒤로 TV가 감추어져 있다. 쉬는 시간과 수업 시간을 가리지 않고 화이트보드를 살짝 젖혀서 TV가 넌지시 보이기만 해면 학생들의 이목이 TV로 쏠린다. 몇몇 아이들은 좋은 각도로 보기 위해 의자가 들썩인다. 코로나 때문에 설치된 투명 칸막이를 닦는 아이들은 그래야 TV가 더 잘 보인다고 한다. 수업 중 참고 영상을 보여 주며 가르칠 때는 학생들이 저보다 TV 속 영상에 더 관심 있게 쳐다봐서 서럽기도 하다.

그렇다고 TV가 밉지는 않다. 호기심 가득한 동기 유발 자료부터 핵심 정리 영상, 시범 영상 등 다양한 교육 자료를 TV가 전달해 주기 때문이다. 어떤 수업에서는 여러 번 설명해도 아이들이 이해 못 하는 경우가 있다. 그럴 때는 같은 내용이지만 관련 영상을 보여 주면 곧 아르

키메데스에 빙의한 듯 유레카 대신 '아하'를 외친다. 교육의 엉킨 실타래를 가지런히 풀어 준 것은 TV에 비친 영상 때문일 것이다.

이미 많은 선생님들이 수업 시간에 교육 영상을 활용하고 있다. 원격 수업을 경험하신 선생님들은 다양한 영상을 직접 찾아 헤매는 수고를 감내하더라도 학생들에게 학습 내용을 이해할 수 있도록 최선을 다하려고 한다. 또 코로나로 인해 선생님들의 수업 콘텐츠 영상 제작 능력도 향상되어 직접 영상을 제작하시는 분들도 많다. 지식샘터educator. edunet.net, 쌍방향 온라인 지식공유 연수 누리집에도 현직 선생님들이 개설한 영상 제작 강좌가 상당하다. 배우려는 수요가 있기에 많은 강의가 있겠지만, 그러고 보면 요즘에는 교육 영상 제작 능력도 선생님들에게 중요한 자질이 되는 건 아닌가 싶다.

영상 활용이 맺어 주는 연결고리

영상을 많이 활용하기도 하고 직접 제작하는 교사로서 볼 때 교육과 영상이 만나 이루어지는 시너지 효과는 실로 어마어마하다. 활용에 따라 영상은 다양하게 쓰인다. 사회 시간에 역사 관련 영상으로, 세계 기후와 지리를 가르칠 때는 관련 유튜브 영상으로 학생들이 쉽게 이해하도록 도와준다. 또 내가 만든 영상 속에 담긴 학생들은 때로 4·19 현장에서 민주주의를 외치기도 하고, 더 나은 사회를 이루려고 노력하기도 하고, 지역 문제와 환경 문제를 호소하는 사회운동가로 활약하는 모습이 그려지기도 한다. 때로는 기록 매체로서 교실 속 이야기를 브이로그V-log 영상으로 만들어 제자들과 많은 추억을 담아내기도 한다.

영상 활용은 비단 학습, 교육, 추억에 끝나지 않는다. 학생들과 함께 만든 영상은 학생과 교사를 연결고리로 이어주고, 그 고리는 자연스럽게 학부모와도 끈끈하게 맺어 준다. 또 학생들은 영상이라는 언어를 통해 자신만의 이야기를 표현하게 된다. 학생들의 이야기를 엮은 영상은 주변 사람들에게 감동을 주고 감화시키기도 한다. 지금까지 아이들과 함께 제작한 영상들이 여러 공모전에서 좋은 결과를 얻은 이유이기도 하다. 다시 말해 영상 제작은 교육적 측면에서 학부모에게 큰 믿음과 희망을 준다.

아이들의 목소리가 담긴 영상의 힘

또 학생들이 표현한 영상은 우리 지역 사회의 변화에 조그마한 시작이 되고 원동력이 되기도 하다. '2020 LG 소셜 캠퍼스 영화제 1분 1초 영화제'에서 초등 부문 브론즈필름상을 수상한 「우리를 위해! 환경을 위해! 지구를 위해!」 작품은 해양 쓰레기 문제를 섬마을 학생들의 시선에서 바라보고 있다. 바다에 버려진 수많은 플라스틱이 바다에서 터

'2020 LG 소셜 캠퍼스 영화제 1분 1초 영화제' 초등 부문 브론즈필름상 수상작인 「우리를 위해! 환경을 위해! 지구를 위해!」

전을 잡고 바닷일을 하시는 부모님에게 큰 피해를 주지 않을지, 그리고 해양 생태계의 큰 혼란이 우리의 건강에도 안 좋은 영향을 끼치지 않을지를 두고 걱정하는 아이들의 목소리가 담긴 작품이다.

뉴스나 신문에서 해양 쓰레기나 플라스틱 문제를 접하고 경각심을 가질 수도 있겠지만, 이처럼 영상을 통해 전달되는 아이들 스스로의 목소리는 사회 문제를 바라보는 데 있어 더욱 호소력이 있다. 특히 학생들 주변에서 일어나는 사회 문제이다 보니 제작하는 동안 학생들 더 관심을 가지게 되고, 수상을 하고부터 학생들은 주변 환경 문제에 스스로 환경 지킴이를 자처하기도 한다.

이외에도 학교 현장에서 영상의 힘은 막강하다. 여러분이 생각하는 수업 자료로 사용되는 영상도 있지만, 우리 생각보다 다양하게 쓰이고 활용될 수 있다. 이제부터 영상을 통해 학생들과 즐거운 활동, 소중한 추억, 유의미한 일을 했던 그 기록과 팁을 이제 공유해 보고자 한다.

아프리카 초등학교로의 파견

2016년 봄에 결혼한 나는 2017년부터 2년 동안 남아프리카에 있는 보츠와나에서 현지 초등학생들을 가르쳤다. 평소 영국, 캄보디아, 카

보츠와나의 케틀로게췌초등학교 근무 시절에 모든 것이 궁금한 아이들의 모습 l 한국에서 느껴보지도 못한 학생들의 애정 어린 관심이 학생들을 위한 수업 준비와 수업을 열심히 하게 하는 원동력이 되었다.

자흐스탄, 인도네시아 등 해외 교육기관에서 자원봉사로 추억을 담은 적이 있던 나는 언젠가 아프리카 학생들도 가르쳐 보고 싶다는 소원을 이룬 셈이다. 하지만 이 소원을 이루기까지 험난한 과정이 있었다. 2016년 3월 결혼을 코앞에 앞둔 시점에 국립국제교육원 주관으로 개발도상국에서 가르칠 선생님을 모집한다는 공고를 보게 되었다. 지원에 앞서서 달콤한 신혼생활을 보내야 할 때에 먼 아프리카 땅에서 지낸다는 것이 주위 사람들에게는 못마땅했을 것이다.

먼저 한 번도 비행기를 못 타본 아내를 설득하기로 했다. 아프리카에 가기 위해서는 비행기를 여러 번 탈 수 있다는 점, 생물 전공인 아내에게 보츠와나가 야생 동물의 낙원이라는 말에 영어 울렁증이 심한 아내의 근심 걱정은 한 방에 사라졌다. 그래서 나와 아내는 함께 결혼 이틀 전에 교원 해외 파견 사업에 당당히 지원서를 낼 수 있었다.

다만 평소 무모한 도전을 자주 했던 나로서는 친가의 허락을 받는 것은 어렵지 않았지만, 안전이 생활신조이자 경찰 출신인 장인어른을 설득하는 것은 꽤 어려워 보였다. 결국 높은 경쟁률을 뚫고 나라 이름도 생소한 보츠와나 파견 합격자 발표가 났다. 합격의 기쁨을 채 나누기도 전에 어떻게 장인 장모님을 설득해야 할지 고민이 앞섰다. 긴 고민 끝에 장인 장모님에게 발음을 흘리며 '아~메프리카'에 봉사하러 간다고 말했다. 아프리카보다는 미국이 있는 아메리카가 두 분께 좀 더 안전하게 여겨지리라 생각했기 때문이다.

"아메프리카? 거기가 어딘가? 아하! 아메리카~, 미국으로 가는 거야? 어이구, 어쩐 일로 그런 좋은 데를 보내 준다냐? 봉사하러 가는 게 맞다냐?"

"아~, 네…. 맞아요. 미국에도 도와줄 학생들이 많다고 해요."

곧바로 아내가 화제를 다른 데로 돌렸다.

"엄마, 이거 김치 맛있다. '어메프리카' 가기 전에 배워야겠네."

작전은 성공을 거두었다. 장인 장모님 두 분은 집을 떠나 살아본 적이 없던 아내에게 미국은 총이 위험하다고 신신당부하면서 공항으로 향하는 날 용돈까지 쥐어 주셨다.

물론 출국 한 달 후에 미국답지 않은 장소에서 현지 아이들과 함께 있는 사진을 보고 나서야 장인어른과 장모님은 우리가 아메리카가 아닌 아프리카로 갔다는 사실을 알게 되었다. 다행히 우리가 SNS에 현지 아이들과 함께 찍은 사진들을 올린 것을 보며 자랑스럽게 여겨 주셨고, 무척 행복해하는 사위와 딸의 모습에 덩달아 기뻐하셨다. 하지만 우리가 1년만 봉사하고 올 줄 알았던 장인 장모님은 1년을 더 연장하자 우리한테 두 번이나 당했다며 매우 서운해하셨다. 지금도 다른 서운한 게 있으면 빼놓지 않고 그때 이야기를 하신다.

"장인 장모님, 더 이상 속 썩이지 않을게요. 감사합니다. 그리고 사랑합니다."

영상을 활용한 교육 활동 장면 | 영상 자료를 보며 처음 공부해 보는 아이들은 프로젝터를 키는 순간부터 눈이 초롱초롱해진다.

아내와 나는 보츠와나 교육부의 배려로 같은 학교에서 자원봉사 선생님으로 근무했다. 우리나라로 치면 부설 초등학교처럼 모델 학교로 지정된 케틀로게췌초등학교는 건물 외관부터 좋아 보였지만, 속사정은 매우 열악했다. 보츠와나의 대부분 학교가 그렇듯 학생들이 볼 교과서도 모자랐다. 우리나라 학생들은 질 좋은 교과서를 1학기나 1년 정도 쓰고 아무 미련 없이 버리지만, 보츠와나 학생들은 공용 교과서를 몇 년이 지나도록 쓰고 있었다. 교과서는 창고에 보관했다가 수업 시간에 꺼내서 쓰고 수업이 끝나면 다시 걷어서 보관하는 방식이었다.

교실에서는 배움이 이루어지기보다 학생들이 교과서의 그림과 글을 그대로 노트에 옮겨 적는 일이 많았다. 수업도 교사가 칠판에 적은 것을 그대로 베껴 쓰는 일상이 다반사였다. 어느 날에는 교사가 여러 전지에 써 둔 중요한 내용을 교실 벽에 사방으로 붙여 놓았다. 그러면 학생들은 모두 벽에 붙인 전지를 보면서 그대로 베껴 적기에 바쁜 날이된다.

놀라운 점은 구구단을 외우고 있는 고학년 학생들이 반에서 두세 명밖에 없다는 현실이다. 고학년임에도 학생들은 수학 계산을 할 때 수가지를 그리거나 손을 펴서 하나하나 수를 세면서 계산한다. 수를 세기 위해 손가락이 모자라면 옆에 있는 친구 손도 모아서 함께 곱셈을 계산했다. 4명으로 구성된 모둠 학생들이 모두 손을 모아 그러고 있는 것을 보고는 기절할 뻔하기도 했다. 그래도 완벽한 모둠 활동이었다. 그래서일까? 보츠와나 교육부는 기초 학력 신장을 위해 온갖 노력을 쏟아붓고 있다.

아내와 나는 열악한 여건임에도 수학, 과학, 예술, 방과후 과학반, 컴퓨터반, 예술반을 운영해 보려는 계획을 세웠다. 이에 대해 현지 교장 선생님에게 건의를 드리자 큰 관심을 두면서 수락해 주었다. 당시 가장 두려웠던 수업은 과학이었다. 공용어인 영어로 진행되는 수업에서 실험 기자재와 교과서조차 넉넉하지 못한 상황이라 과연 과학 수업을 잘 해낼 수 있을까 하는 걱정이 앞섰다. '맨땅에 헤딩'이라는 격언은 이럴 때 쓰는 것 아닐까?

먼저 수업 날이 점점 다가오자 교장 선생님에게 정중히 부탁드렸다. 가르치려는 교과의 교육과정 분석이 아직 이루어지지 않았고, 수업에 활용할 자료를 인터넷에서 구할 수 있도록 시간을 좀 더 달라고 요청했다. 교장 선생님은 흔쾌히 허락해 주었다. 그렇지만 자료를 얻기 위해서는 인터넷을 이용해야 하는데, 비싼 비용이 문제였다. 보츠와나에서는 12기가Gigabyte의 데이터를 사용하는 데 무려 6~7만 원가량의 돈을 내야만 했다. 평소에도 아끼면서 산다 해도 한 달 평균 13만 원 정도의 인터넷 비용을 냈다. 가족과 연락하거나 자료 찾고 영화 보는 데 사용했는데, 늘 화질이 가장 낮은 240p의 저화질로 시청했다.

나중에 귀국 후 선명한 화질로 무한히 쓸 수 있는 인터넷 환경에 다시금 감동했던 기억이 아직도 머릿속에 생생하다. 결국 무료 인터넷을 이용할 수 있는 지역 교육청에서 교재 연구를 하겠다고 했다. 교장 선생님은 언제나 그렇듯 흔쾌히 허락해 주었다. 먼 타국에서 온 외국인 교사가 성취 기준이 담긴 교육과정을 보면서 열심히 교재 연구하는 모습이 기특했나 보다.

2주간 수업 교재를 연구하는 동안 많은 실험 영상이나 관련 영상을 확보했다. 당시 한국에서 함께 근무했던 김형준 선생님이 과학과 사회

과목의 디지털 교과서를 받을 수 있도록 도와주었다. 일단 디지털 교과서에는 과학 실험 영상이 있어서 매우 유용했다. 그리고 한국 문화를 소개할 때 사회 디지털 교과서만큼 좋은 것이 없었다. 그럼에도 현지 선생님과 학생들로부터 큰 관심과 기대를 한몸에 받고 있던 터라 수업은 내게 큰 부담이 되어 어깨에 무겁게 쌓여 있었다. 이런 상황에서 교장 선생님은 학교에서 큰 행사가 있을 때만 쓰던 비싼 프로젝터를 온전히 내 수업에 쓰도록 허락해 주었다. 그렇게 시작된 수업은 '영상'의 힘으로 큰 힘을 발휘하게 되었다.

영상 교육이 아프리카 교실을 바꾸다

영상과 함께 진행된 수업은 학생들과 현지 선생님으로부터 매우 유익했다는 말을 건네 들었다. 특히 학생들에게 인기가 엄청났다. 현지 선생님과 수업을 할 때는 주로 필기하는 시간이 많았다면 나와의 수업은 마치 즐거운 영화관이라고 생각하는 학생들이 많았다. 과학 시간에는 학생들이 실험하는 과정도 촬영해서 보여 주곤 했는데, 자신이 열심히 활동하는 모습을 본 아이들의 얼굴에 활짝 핀 미소가 아직도 생생하다. 이처럼 현지 아이들은 활동적이고 다양한 영상 자료를 보여 주는 수업 방식에 매우 흥미로워했다. 아내와 내가 있는 교실은 쉬는 시간을 비롯해 수업 시간에도 끊임없는 노크로 인해 정신이 없었다. 화장실을 가면서 노크하는 학생도 있었고 한 번이라도 우리 얼굴을 보고 싶어서 교실 창가에서 기웃거리는 학생들도 많았다. 수업이 없는 반의 아이들은 제발 우리 반 좀 가르쳐 달라고 애원하는 것이 일상이었다.

외국에서 온 선생님의 수업에 대한 현지 선생님들의 관심도 높아서 늘 교생 실습 때처럼 긴장한 채 아내와 함께 수업을 준비했다. 아이들에게도 많은 것을 퍼 주고 싶었기에 수업 연구에 집중하면서 노력했다. 아내와 내가 가장 많이 참고한 수업 자료는 유튜브 영상이었다. 현지 교과서는 오류도 많았고, 과학 실험에 대한 기자재가 전혀 없어서 유튜브에서 실험 영상을 찾아야만 했다. 실험 영상이 있으면 다행이지만, 현지 여건에 맞춘 실험의 경우 직접 아내와 함께 영상을 제작하기도 했다. 시간이 갈수록 간단한 영상 자료는 직접 만들게 되면서부터 열악한 상황 속에서 영상 제작 도전기가 시작되었다.

내가 이처럼 열악한 상황에서 영상 제작을 시작했으니 지금 영상을 배우는 분들은 정말 좋은 환경에서 시작할 수 있다는 점을 말씀드리고 싶다. 그래서 항상 부럽다. 주변에 도움을 얻을 만한 곳이 많고 저렴한 통신비와 제작 관련 도서도 다양하지만, 무엇보다 마음만 먹으면 누구나 쉽게 영상 제작을 배울 수 있기 때문이다. 영상 제작에 관심이 있거나 영상을 배우는 데 다소 어려움을 느끼는 분이 있다면 내가 경험한 상황을 생각해 본다면 영상 제작이라는 높아만 보이는 벽도 낮아질 것

'2018년 교원 해외 파견 우수사례 공모전' 교육 자료 분야 출품작인 「구구단 컵(Multiplication cup)」

이다.

이 영상은 국립국제교육원이 주최한 우수 교육 활동 사례 공모전에서 교육 자료 분야에 출품한 영상이다. 당시 아프리카 생활 2년 차로서 파견이 마무리되어 가는 시기였는데, 정신적으로나 생활면에서 매우 힘들었다. 최악의 가뭄으로 며칠씩 물이 나오지 않는 단수가 거듭됐고, 최장 한 달 동안 물이 안 나오기도 했다. 사는 곳이 해발 천 미터의 고원지대라 구름이 많이 낀 날에는 번개가 수없이 치면서 전기마저 끊기는 날이 많았다. 또 현지 쇠고기는 매우 싸고 맛도 일품이었지만, 뼈 채 가공해서 뼈 부스러기가 많았다. 하루 한 끼씩 쇠고기를 먹다가 고기 뼈로 인해 치아가 세 군데나 시기를 달리하여 부러지기도 했다. 게다가 에이즈 환자 수가 많은 나라여서 막연한 두려움 때문에 치과 치료를 꺼려했는데, 나중에는 치아 신경이 썩고 오염되기도 했다. 결국에는 잇몸에 구멍이 나고 염증이 고여 흘러나오는 상황까지 맞이해

야 했다.

특히 가장 괴로웠던 것은 아버지의 임종을 지키지 못했을 때였다. 당시의 육체적·심리적 고통 속에서 괴로움을 잠시나마 잊게 해 준 것이 수업 자료 공모전 영상을 만드는 일이었다. 평소 학생들이 구구단을 하기 위해 수 가지를 그리거나 손으로 수를 세는 아이들을 보면서 학생들에게 유용한 구구단 학습 자료 아이디어를 생각해 보고 만드는 시간이 매우 행복했다.

이때 무슨 생각이 들었는지 항상 짠돌이였던 내가 처음으로 프리미어 프로Adobe Premiere Pro를 유료 구독했다. 덧붙여 '책그림youtube.com/c/책그림'이라는 유튜버가 즐겨 쓰는 화이트보드 애니메이션 소프트웨어인 비디오스크라이브Videoscribe도 구독했다. 지금 생각해 보니, 당시 영상을 만들겠다는 각오가 대단했던 것 같다. 사용법도 모르는 프로그램을 직접 일일이 사용해 보기도 하고, 인터넷 비용을 아끼기 위해 낮은 화질로 적용해 보면서 결국 2주일에 걸쳐 작품을 완성했다.

전교생에게 수료증과 상품 지급 | 학생들의 얼굴이 담긴 사진과 수료증 선물을 주었을 때 천사 같은 환한 미소로 화답한 아이들이 아직도 잊히지 않는다.

비록 이 작품으로 수상하지는 못했다. 이미 우수 수업 동영상 부문에서 우수상을 받았는데, 중복 수상이 안 되기 때문이다. 대신 아내가 슬러시 만들기 영상 수업 자료로 우수상을 받았다. 시상금이 큰 우수 수업 동영상 분야에서 수상한 것과 아내도 수상했기에 그것으로도 큰 위안이었다. 그래도 프리미어 프로와 인연을 맺게 해 주고 열악한 환경 속에서도 교육 영상 제작에 관심 갖게 해 준 이 영상이 내게는 매우 특별하다. 당시 받은 시상금으로 나와 아내는 2년간 가르친 제자들 모두에게 노트와 필기구 및 깜짝 선물을 주는 시간을 가질 수 있어서 이 또한 매우 감사했다.

3. 학부모와 학생, 영상으로 소통하다

교육 활동 영상을 기대하는 학부모들

'1일 1영상'이라는 말이 있다. 유튜브에 하루 하나씩 영상 업로드를 지속하다 보면 유튜브 알고리즘이 꾸준히 콘텐츠를 올리는 사용자로 인식해서 다른 시청자들에게 업로드 영상을 보다 많이 노출해 준다고 한다. 그러면서 자연스럽게 구독자도 늘게 된다. 영상 하나를 만드는 것도 쉽지 않은데 하루도 빠지지 않고 올리는 것은 정말 힘든 일이다. 그런데도 꾸준히 올리는 이유는 무엇일까? 아마도 자신의 콘텐츠를 토대로 많은 시청자 또는 구독자들과 소통하고 싶은 이유일 것이다.

보통 학급 밴드네이버 밴드, band.us는 알림장 역할로서 담임교사가 전달할 내용을 단순히 안내하는 것에 그치는 경우가 많다. 학급 밴드에 교육을 매개로 학생이나 학부모들과 소통하고자 하는 목표를 두고 있다면 학생들의 교육 활동이 담긴 영상이 제격이라고 생각한다. 그래서나 또한 밴드에 학생들의 교육 활동 모습이 담긴 영상을 제작하고 학생과 학부모들에게 공유하려고 노력한다. 처음에는 시간이 제법 걸렸지만, 영상 기록과 편집을 취미로 삼는 내게는 그리 문제 되지 않았다.

오히려 일과가 끝나는 4시 30분이 기다려질 정도로 학생들 모습을 일일이 보면서 편집하는 과정은 즐거운 취미가 되었다. 다시 말해 이제는 학급 안에서 일어나는 교육 일상을 카메라 렌즈에 담고 퇴근 후 영상 편집을 하는 일이 참으로 재밌다. 편집하는 동안 아이들의 모습을 보면서 아빠 미소를 띠거나 갑자기 껄껄대며 웃은 적도 한두 번이 아니다. 마지막으로 편집된 교육 영상과 일상 영상을 학부모와 학생들이 함께 있는 밴드에 매번 올리고 있다.

이제는 알림장 내용보다는 영상을 더 기다리는 학부모들이 있을 정도다. 요즘은 일이 많아서 편집하는 시간을 내기 쉽지 않지만, 기다려

웃음, 학급 사진 찍는 날 | 마스크 벗고 학급 사진 찍기를 했는데, 코로나로 제대로 볼 수 없었던 아이들의 환한 미소를 이날은 눈이 시리도록 볼 수 있었다. 이 영상은 학급 밴드에 올린 것이다.

주는 학생과 학부모들 때문에 피곤을 잊은 채 편집을 이어나가고 있다. 학생들에게도 반응이 좋은데, 자신이 나온 영상을 보고 나면 모든 교육 활동에 더욱 자신 있고 즐겁게 참여하는 동기 부여의 역할을 한다. 더욱이 학생들의 찰나의 순간이 사진으로 담긴 것도 좋지만, 음악과 이야기가 담겨 있고 감동을 주는 영상이 보다 생생한 추억으로 남게 될 것이다.

웃음, 학급 사진 찍는 날

환한 웃음을 보여 주는 이 영상이 나오게 된 과정을 소개해 보겠다. 학교에서 학생 현황판을 만들기 위해 마침 마스크 벗고 찍은 증명사진이 필요했다. 6학년 학생이라서 졸업 전에 증명사진을 찍어 나이스 neis.go.kr에 새로 올려야 했기에 찍기로 했다. 교무행정사가 진즉에 제출을 요청했는데, 3월 바쁜 일정으로 인해 증명사진 찍는 것을 잊고 있었다. 다시 긴급 요청이 왔고, 부랴부랴 스마트폰을 학생들 얼굴에 가까이 대고 촬영해서 교무행정사에게 보냈다. 헌데 얼굴이 보름달처럼 찍힌 사진들은 현황판 제작에 어울리지 않아서 반려되었다. 한편으로 다행이었다. 그렇지 않았다면 현황판과 나이스 증명사진에 오랫동안 쓰였을 테니까.

스마트폰 증명사진이 반려된 날 학생들을 가르치러 오신 사진 동아리 선생님께 부탁을 드렸고, 옆에서 나는 그 광경을 영상으로 담아냈다. 마스크를 쓰지 않고 포즈를 잡는 학생들의 모습이 꽤 생소했지만, 그동안 감춰 온 학생들의 웃음은 인상이 깊게 남았다. 2020년 영어 심화 연수 대상자로 선정된 나는 새로 학교를 옮긴 첫해에 6개월간 파견을 갔다가 9월에서야 현재 학교에서 근무하기 시작했다. 그 이후로는 아이들을 볼 때마다 마스크로 가려진 모습이 늘 익숙해져 있었다. 오히려 마스크를 벗고 급식을 먹는 학생들을 보면서 누가 누군지 구별하기 더 어려울 정도였다.

그런 가운데 가려져 있던 아이들의 환한 미소를 이날 처음으로 보게 되었다. 마스크 뒤로 숨겨진 아름다운 보석을 발견한 듯 묘한 느낌이 온몸을 전율케 했다. 이 영상을 편집할 때에는 아빠 미소를 백 번 넘게 지었고, 그만큼 웃기도 많이 웃은 작품이었다. 이 영상을 볼 때마다 간

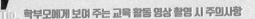

Tip_ 학부모에게 보여 주는 교육 활동 영상 촬영 시 주의사항

공모전이나 작품을 만들기 위한 영상을 제외하고 학급 밴드나 자료실에서 학부모님께 보여 드릴 일반적인 교육 활동 영상에는 모든 학생이 한 번 이상 나오도록 촬영하거나 편집해야 한다. 사진을 올릴 때도 그렇다. 학예회에서 자기 자녀만 눈에 보이는 것처럼 영상 속에서 자녀를 찾아 유심히 볼 텐데, 다른 아이들은 나오는데 내 아이만 안 나온다면 매우 서운해할 수 있기 때문이다.

학급 임원 선거 중 개표 상황

절하게 바라는 점이 하나 있다. 빨리 코로나19 상황이 끝나서 마스크에 감춰진 아이들의 웃음과 활짝 핀 미소를 늘 보는 날이 왔으면 하는 바람이다.

학급 임원 선거

3월 초에 치러지는 학급 임원 선거는 학급에서 매우 중요한 행사다. 민주주의의 원리, 선거 원칙, 민주 시민 교육, 합리적 의사결정 등 자치 활동을 체험하면서 배울 수 있기 때문이다. 이때도 나는 그 모든 과정을 렌즈를 통해 영상으로 담아냈다.

특히 후보자들이 공약을 발표하는 모습, 투표 과정과 반장으로 선출되고 소견 발표하는 모습을 사진이 아닌 영상으로 담아내면 좋은 점도 있다. 4~5월이 되었을 때 학급 임원이 약속했던 공약과 소견 발표 영상을 학생들에게 다시 보여 주면 잘 이루어지지 않거나 잊고 있었던 공약들을 다시금 임원과 학생들에게 떠올리게 한다. 그리고 협의를 통해 학급에서 재정비할 수 있는 시간을 갖게 해 준다. 공약을 들으면서 그 후보자를 믿고 표를 던진 학생들도 투표 과정을 다시 보여 주면 학급 일에 적극적으로 참여하게 만드는 효과가 있다.

짧은 시간에 이루어진 학급 선거이지만 영상으로 남겨진 기록은 나와 아이들에게 매우 쓰임이 많은 소중한 교육 자료가 된다. 그리고 교과 교육에서도 큰 효과를 발휘한다. 선거의 원칙뿐 아니라 민주주의의 역사를 배울 때도 이해하는 데 큰 도움을 주기 때문이다. 단지 학급 임원을 뽑는 것으로 그치지 않고 선거 과정에서 필요한 공정성, 민주 시민의 자세를 몸소 체험한 아이들의 모습이 담긴 영상은 부끄러운 역사와 비교하면서 정리하고 이해하는 데에도 매우 유익하다.

마지막으로 학생 자치로 학급을 이루어 나가는 모습을 영상으로 본 학부모님들은 자녀가 대견스럽게 보이기도 하고, 학부모님들도 그 내용을 배우면서 민주 시민으로서 자녀들의 본보기가 되어야겠다는 다짐을 하게 되리라 생각한다.

달리기 시합

체육 시간에 카메라를 한쪽에 세워 놓거나 들고 찍기 쉬운 액션캠 action cam을 이용해서 자주 아이들의 활동 모습을 담아내고 있다. 체육 시간은 아이들이 가장 좋아하는 시간이기 때문에 해맑은 미소가 끊이지 않고 재미난 상황도 자주 연출되는데, 이를 놓치지 않고 편집해서 보여 주면 아이들에게는 잊지 못할 추억이 된다.

또 학부모 상담을 하다 보면 아이들이 집안에서 컴퓨터나 스마트폰을 많이 한다는 고민을 토로한다. 그러면서 체육 시간이라도 맘껏 뛰어놀 수 있도록 학부모들이 나에게 신신당부를 한다. 그래서 유독 밴

노란팀이 앞서네요! 모두 최선을 다해서! 굿굿

달리기 시합

드에 공유되는 영상 중 체육 관련 영상이 많은 비중을 차지한다.

'달리기 시합' 영상에서는 아이들 모두 최선을 다해 전력 질주하는 모습이 담겨 있다. 교사 입장에서 최선을 다하는 학생들을 보면 배움에 관한 것은 무엇이든지 주고 싶은 마음이 든다. 학생들에게 달리기 시합 영상을 시리즈로 여러 편 만들어 보여 주었다. 처음에는 학생들이 시합의 승패만 따지다가 차츰 승패를 떠나 최선을 다하는 자신의 모습에 관심을 가졌고, 팀과 하나가 되어 움직여야 한다고 생각을 갖게 되었다.

간혹 학생들이 과제를 해 오지 않거나 모둠 활동에 잘 참여하지 않는 경우에 '달리기 시합' 영상을 다시 보면 학생들의 태도를 돌아보게끔 만들기도 한다. 집에서 온종일 누워 있거나 스마트폰에 정신이 팔려 있는 모습과는 대조적으로 신나게 활동하며 즐거워하는 아이들을 보는 부모의 마음은 이때만이라도 뿌듯할 것이다.

배려

체육 시간 영상이 교육적 목적으로 자세나 태도에 대해 피드백해 줄

교도소 펜스에 감전

체육 시간에서의 배려

수 있어 좋지만, 무엇보다 체육을 할 때 더욱 아이들다운 모습을 보면서 편집할 때가 즐겁다. 그러다 보니 자연스럽게 체육 시간 영상을 많이 제작하게 되었다. 교실에서는 드러나지 않던 신체 표현도 다양해서 짧은 표현이 담긴 영상이라도 의미 있는 자료가 되기도 한다.

아래 영상은 태그형 게임인 '경찰과 도둑'을 하는 장면이다. 도둑이 친구를 구하러 감옥에 가는 도중 철창에서 감전되어 넘어진 장면을 영상에 담았다. 넘어진 학생 주위로 어떤 일이 벌어졌을까? 교실에서 '배려' '협동' '우정' 등을 이론으로 배우는 것도 좋다. 하지만 이렇게 실제에서 친구를 도와주는 것은 배움이 드러나는 것이고, 이를 포착한 영상은 좋은 자료가 될 수 있다.

이처럼 체육 시간마다 학생으로부터 어떤 배움이 드러날지, 혹은 어떤 재미난 에피소드가 영상에 담길지를 기대하게 된다. 그래서 학생들이 가장 좋아하는 시간이면서 나 또한 매번 기대되는 체육 시간이다.

4. 섬마을 학교에서 보건복지부 장관 대상이라고?

완도 섬마을에 경사났네

2019년 11월 13일 수요일은 나와 당시 6학년 제자들에게 매우 기억에 남는 날이다. 전교생이 23명인 작은 섬마을 학교에서 내가 가르치던 6학년은 단 4명이었다. 한 명이 교외 체험 학습을 가면 반 분위기가 매우 허전해지고, 게다가 전체 인원 중 25퍼센트가 빠졌으니 진도를 나가기에도 애매한 상황이 발생할 정도다. 그런데 11월 12일부터 사흘간 6학년 4명이 한꺼번에 서울 방문 목적으로 교외 체험 학습 신청을 냈다.

그 이유는 다름 아닌 시상식에 참여하기 위해서였다. 마침 나도 '생활 속 기상레이더 50초 영상 공모전'에서 수상하게 되어 서울로 가게 된 날이기도 하다. 공모전을 주관하는 곳에서는 내가 대상 수상자이므로 시상 행사에 오지 않을 경우 3등이 된다고 해서 서울에 시상하러 갈지 말지 고민하고 있었다. 그런데 학생들에게도 좋은 소식이 생겨서 마음 편히 시상식에 다녀올 수 있게 되었고, 제자들의 시상식에도 참석할 수 있었다.

평소 교사가 지도한 아이들이 상을 탔을 때 지도교사는 어떤 마음일까 궁금했다. 그런데 내가 그 입장이 되고 보니 학생의 부모처럼 꿈인지 생시인지 모를 행복함과 즐거움 등 말로 형언할 수 없는 묘한 감정에 휩싸였다. 내가 가르친 내용을 학생들이 온전히 이해했을 때의 행복함보다 백 배 정도인 것 같다.

아이들과 학부모들은 거리가 먼 서울에서의 시상식에 참여하기 위해 전날에 출발했다. 완도 섬에서 배를 타고 해남 땅끝마을에 도착 후광주로 가서 하루를 묵었다. 다시 기차를 타고 서울 시상식에 참석 후같은 과정으로 돌아오는 일정이었다. 행사를 주관하는 곳에서 시상식에 참여할 수 있냐고 문의가 왔을 때 학부모들에게 밴드로 이 사실을알렸다. 보건복지부 장관상인 대상이라는 아주 큰 상이기에 시상식에참여하면 좋겠지만, 먼 거리 때문에 어떻게 하면 좋을지 의견을 구했다. 다행히 학부모들도 서울까지 학생들과 함께 참석하기를 희망했다.

시상식 날 먼저 내 시상식을 마치고 서둘러 아이들의 시상식이 열리

'제1회 청소년흡연예방문화제' 초등 부문 대상 수여 장면

는 곳으로 갔다. 가을비가 내리는 우중충한 날이었지만, 시상식에 참여한 학생들과 관계자분들의 밝은 모습은 여전히 새록새록 기억이 난다. 특히 완도 섬마을에서 서울까지 긴 여정을 마다하지 않고 학부모들이 학생을 챙겨서 간 일은 두고두고 좋은 경험과 추억이 되었을 것이다. 담임교사로서 제자들이 가장 높은 상을 받는 모습을 지켜 보면서 제자들의 수상 인터뷰 한마디 한마디 들을 때마다 가슴에서부터 무언가가 용솟음치는 것 같았다. 아마도 교사로서 느끼는 큰 기쁨과 행복이리라. 특히 그날은 나도 학생들도 함께 대상을 수상한 날이라 기쁨도 두 배, 영광도 두 배였다.

아이들과 함께 만든 흡연 예방 영상

시상식 영상을 보면 제자들의 환하고 아름다운 미소는 평생 못 잊을 듯하다. 인터뷰 내용도 수천 번 들어도 지겹지 않다. 이제 대상을 받은 작품을 잠시 다루어 보겠다. 보통 흡연 예방 자료나 흡연 예방 공모전에 참여하는 작품은 담배를 흡연하는 장면이 포함되거나 담배가 인체

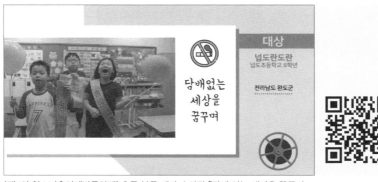

'제1회 청소년흡연예방문화제' 초등 부문 대상 수상작 「담배 없는 세상을 꿈꾸며」

에 해로운 장면을 드러나게 암시하는 경우가 많다. 그러다 보니 흡연에 대한 경각심을 불러일으키기 때문에 영상 전체 분위기와 전달하려는 메시지가 어둡고 심각해지는 경우가 많다.

그래서 이 작품에서는 다르게 접근해 보자는 생각으로, 학생, 지역 주민, 지역 사회와 연결고리를 지어서 생각해 보았다. 먼저 학생들과 함께 '담배 없는 세상은 어떤 곳일까'라는 물음을 생각해 보았다. 그리고 담배 없는 세상이 주는 건강한 삶, 행복한 삶을 친구나 이웃이나 주민들이 출연하는 밝은 분위기로 연출해 보고자 했다. 그래서 모든 영상 클립에 나오는 출연자들에게 항상 웃음을 짓도록 요청했다. 그것만으로도 담배 없는 세상이 주는 이로움을 표현하는 데 부족함이 없을 정도였다.

내레이션은 당시 다문화 가정의 2학년 학생이 직접 도와주었다. 책을 읽는 데 다소 어려움을 가지고 있는 학생이었지만, 글을 또박또박 읽으려고 노력하는 매력을 가진 이쁜 아이다. 그런 태도에서 묻어나오는 억양은 시청자에게 진정성을 느끼게 해 준다. 나중에 자신의 도움으로 언니 오빠들이 상을 탔다는 소식에 매우 기뻐했고, 한글 공부에도 제법 자신감을 갖게 되었다.

지역 주민들의 협조도 잘 이루어지긴 했지만, 그렇다고 해서 이 영상에 큰 기대를 한 건 아니었다. 그럼에도 기대보다 큰 상을 받게 되어 이게 꿈인지 생신지 혼란스럽기까지 했다. 수상 이후로 마을에는 수상 플래카드가 여객선이 드나드는 선착장에 오랫동안 붙어 있었다. 영상 하나로 학교의 좋은 일을 넘어 마을 잔치가 되어 버렸다. 여러모로 이번 경험이 섬마을 학생들과 마을 주민들에게 큰 추억이 되었고, 개인적으로 이 영상을 매년 흡연 예방 교육 자료로 사용하고 있다.

5. 마음을 움직이는 교육 영상 에세이

선생님이 만든 영상 때문에 울었잖아요

학교 교육과정 설명회와 졸업식 행사 때 빠지지 않고 학생들의 모습이 담긴 교육 활동 영상을 참여하는 학부모들에게 보여 드린다. 다만 행사 때마다 찍은 사진을 엮어서 애니메이션 효과를 덧붙인 영상이 대부분이다. 그래서인지 교육 활동 영상을 볼 때면 다음 식순이 무엇인지 궁금하고, 내가 만들었음에도 빨리 끝나기를 바란 적이 있다. 평소 교육 활동 영상이 뜻깊은 자리에서 선보이는 만큼 보는 이로 하여금 마음을 움직이고 감동을 전해 주는 것이면 좋겠다는 생각을 해 본다.

그 소원은 머지않아 이룰 수 있었다. 2019학년도 6학년 제자를 졸업시키는 날을 염두에 두고 감동을 주는 '졸업생 영상'을 제작하기로 마음을 먹었다. 참 신기하게도 중간에 휴직했기 때문에 6학년 제자들을 1학년 때부터 보아 왔던 것이다. 전교생이 20여 명 남짓한 섬마을의 작은 학교이다 보니 교육 활동 중에는 항상 전교생이 담기게 된다.

카메라를 자주 소지하고 다녔던 나는 과거에 찍어 놓고 소중히 모아둔 영상들 속에서 앳된 제자들을 종종 발견하게 된다.

이 보물 같은 영상과 6학년으로 성장한 제자들에 대한 영상을 감미로운 배경 음악과 함께 편집하여 감동적인 영상으로 담아냈다. 모든 영상에는 사진이 아닌 영상으로 이루어져 있고, 학생들의 모습도 해맑게 웃는 장면으로만 엄선했다. 무엇보다 지금보다 젊었던 과거 학부모들의 모습도 담겨 있어서 학생과 학부모 모두에게 뭉클한 감정을 솟구치게 했을 것이다. 방대한 자료 속에서 보석 같은 영상을 찾고 편집하느라 많은 시간이 걸렸지만, 작업하는 내내 나 또한 매우 즐거웠다.

졸업생을 위한 영상을 학생과 학부모 그리고 전교생이 함께한 자리에서 시청하고, 곧이어 졸업식이 끝났다. 그리고 학부모들이 인사하러 내게로 왔다. 학부모들은 자녀에게 많은 소중한 경험을 주어서 고맙다는 인사와 함께 "선생님이 만든 영상 때문에 울었잖아요"라고 말을 건넸다. 그 이야기를 듣고 울림이 있는 영상이 제대로 효과를 발휘했다는 생각이 들었다. 의도에 맞게 마음을 움직이는 영상을 만들고 시청자에게도 고스란히 전달되는 과정이 영상을 만드는 매력이 아닐까?

[초등학교 졸업] 우리들의 추억 그리고 졸업 답사 영상 「과거, 현재 그리고 희망찬 미래」

단, 다음의 영상을 보는 독자들에게는 학생들과의 연결고리가 없어서 감흥이 없을 수도 있다. 더욱이 긴 영상이다 보니 다음 차례를 생각했거나 빨리 끝나기를 바라는 것은 아닐지 다소 걱정스럽지만, 아이들의 변화되고 성장한 모습과 교육 활동 영상이 어떻게 하면 마음을 뭉클하게 할 수 있을지를 생각하면서 보다 보면 긴 영상도 짧게 느껴질 것이다. 아이들의 이야기가 담긴 인터뷰도 자세히 보면 매력을 느낄 수 있다.

교육 영상 에세이가 주는 따뜻한 감동

이처럼 교육 영상 에세이는 수업이나 교육 활동과 관련된 영상으로 한정되지 않는다. 교육을 매개로 일어나는 모든 것을 담을 수 있다면 그 또한 교육 영상이 될 수 있다. 학생들의 쉬는 시간이나 교사의 일상도 마찬가지다. 특히 쉬는 시간에 촬영된 영상에 비친 학생들의 모습은 수업 시간보다 더 활발하게 열띤 대화가 오가기도 하고, 편안한 분위기 속에서 감춰진 아이들의 해맑은 순수함을 발견하기도 한다. 또 교사의 일상도 평범하고 소소해 보이지만 영상 에세이 형식으로 담기면 충분히 의미 있는 영상이 되기도 한다. 즉 영상에 학생과 교사의 의도만 살짝 넣어 준다면 멋진 영상 에세이가 될 수 있다.

이번에 소개할 영상에는 교사의 일상이 담겨 있다. 한국교직원공제회 소속 The-K 크리에이터로 활동하면서 제작한 영상으로 나의 이야기를 담아냈다. 첫 번째 QR 코드는 360도 영상으로 섬마을 선생님의 일상을 생생하게 담아내려고 노력한 작품이다. 유튜브 전용 앱에서 고화질$2880p$ 화면으로 설정하고 화면을 클릭하거나 움직이면서 보면 실제 섬마을 선생님이 되는 마법을 체험할 수 있다.

집을 떠나 배를 타고 근무지로 가는 광경, 관사와 학교에서 생활하는 모습, 자전거를 타고 힘차게 출근하는 모습, 수업을 준비하는 과정을 그에 맞는 배경 음악에 맞춰서 담아냈다. 360도 영상이 매우 새로웠다는 평도 있고, 섬마을 선생님의 섬 생활 이야기가 신선했다는 평도 있었다. 특히 나처럼 가정과 떨어져 생활해야 하는 교직원의 노고에 대한 응원의 메시지도 담고 있어서 보는 이로 하여금 감동을 주었다는 평도 많았던 작품이다.

학생과 학부모 그리고 교육자 가족을 바라보는 사람들이 이 영상을 보고 많은 응원과 힘을 실어 준다면 섬마을 교사들이 교육에 임하는 마음가짐이 새로워질 것이고, 학생과 학부모들도 고생하는 선생님에 대한 시선도 보다 따뜻해지지 않을까? 여러분도 각자 이야기를 담는 일상 영상을 만들어서 교육적 의미로 시청자들의 마음을 설레도록 사로잡아 보면 어떨까?

두 번째 영상은 신입 교사에 관한 인터뷰다. 도입에서는 3월 첫날의 풍경에 의미를 부여하는 영상 에세이 형식으로 시작한다. 영상미에 신

360도 영상으로 제작한 「섬마을 선생님의 섬 생활 V-log [The-K 크리에이터]」

경을 쓴다고 했지만, 아직 많이 부족한 감을 느낀다. 그런데도 긴 영상이 지루하지 않고 묘하게 끌리는 이유는 두 신입 교사의 이야기에 귀를 기울이게 되기 때문이다.

두 신입 교사 모두 첫 발령지가 집과 멀리 떨어진 섬이고, 3월 한 달간 정신없음에도 사명감을 가지고 자기 본분에 맞게 열심히 노력하는 태도가 오히려 경력 교사인 내가 신입 교사에게 배울 만한 점도 많다는 것을 깨닫게 된다. 자연스럽게 우리 학교에 새로 부임한 신입 교사의 3월 한 달의 소감과 교사로서의 다짐을 함께 엿볼 수 있다. 이 작품이 공개되고 나서 출연하신 선생님은 주위 분들에게 많은 응원을 받았고, 영상 댓글에도 조언과 지지가 눈에 뜨인다. 교육을 매개로 만난 학생들과 다른 교육자 가족에게 진심으로 최선을 다하는 모습이 교육적인 의미로 다가오기도 한다.

「섬마을 학교에 신규 선생님들이 오셨어요! [The-K 크리에이터]」

6. 범교과 교육을 영상 공모전과 연결 짓기

범교과 교육과 공모전의 연계

1년 동안의 학교생활을 한 번 들여다 보자. 교사라면 매달 실시되는 행사가 머릿속을 맴돌 것이고, 언제부터 준비하면 될지를 염두에 두게 된다. 마찬가지로 교사들은 달력에 표기된 기념일에 따라 범교과 교육을 학생들에게 가르칠 계획을 세운다. 2015년 개정 교육과정에는 인성, 안전·건강, 진로, 다문화, 독도, 통일, 인권, 민주시민, 경제·금융, 환경·지속 가능 발전을 포함해서 열 가지 영역이 범교과 교육으로 지정되어 있다. 초중고에 따라 시수는 다르지만, 초등학교 744시간, 중학교 310시간, 고등학교 310시간씩 할당하고 있다. 매년 이루어지는 교육이고, 시기에 따라 각 영역의 교육이 우선 교육되기도 한다.

범교과 교육은 기존 교과 교육에서 연결 짓고 가르칠 수 있지만, 좀 더 학생들에게 유의미한 활동이 될 수 있도록 기념일이나 시기에 맞춰 영상을 제작하면 유용하게 사용할 수 있다. 나는 그 시기를 UCC 영상 공모전에서 많이 참고하는 편이다. 매년 봄에 진행되는 '4·19혁명 국민문화제' '5·18민주화운동 전국 콘텐츠 공모전'과 '보훈 콘텐츠 공모전'은 민주 시민 영역과 관련이 있다. '해양 안전 콘텐츠 공모전' '안전한 학교 공모전' 그리고 '청소년 흡연 예방 문화제 공모전'은 안전·건강 영역과 관련이 깊다. '경기도 환경 교육 자료 공모전'은 환경 교육, '양성 평등 작품 공모전'과 '장애인 인식 개선 공모전'은 인권과 관련이 있겠다. '학생 언어문화 개선 공모전' '인터넷 윤리 창작 콘텐츠 공모전'은 인성 영역과 연결 지을 수 있다. 그 밖에 많은 공모전을 범교과 교육과 연계할 수 있다.

이처럼 각 기관에서 주최하는 공모전들의 시기에 맞추어 도전하면 학생들과 함께 공모전에 참여하면서 제작 과정을 통해 자연스럽게 범교과 교육도 이루어진다. 나아가 그 결과물은 교육 영상 자료로 학습 목적에 따라 활용할 수 있다. 즉 1석 3조의 효과를 얻게 되는 것이다. 제작에 참여한 학생들은 제작 과정을 통해 범교과 교육 내용을 보다 쉽게 이해하고 수업 시간에도 흥미로운 태도로 참여하게 된다. 나아가 학교 밖에서도 범교과 교육에 맞는 실천 활동에도 적극 참여하는 계기

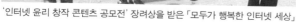
'인터넷 윤리 창작 콘텐츠 공모전' 장려상을 받은 「모두가 행복한 인터넷 세상」

가 된다.

교실에서 만든 영상으로 공모전 참가하기

그동안 학생들을 지도하면서 함께 다양한 공모전에 참가했다. 그중 다양한 주제의 범교과 교육과 관련해서 '해양 안전 콘텐츠 공모전' '보훈 콘텐츠 공모전' '청소년 흡연 예방 문화제 공모전' '장애인 인식 개선 공모전' '양성 평등 작품 공모전' '인터넷 윤리 창작 콘텐츠 공모전' '경기도 환경 교육 자료 공모전' 'LG 소셜 캠퍼스 1분 1초 영화제' 등에서 입상했다. 이 중 두 작품을 소개해 보려고 한다.

이 작품은 '인터넷 윤리 창작 콘텐츠 공모전'에서 장려상을 받은 작품이다. 「모두가 행복한 인터넷 세상」이라는 제목에 어울리게 인터넷 세상의 긍정적인 면을 부각함으로써 더욱 아름답고 행복한 인터넷 세상을 가꾸어 보자라는 취지로 만든 광고 형태의 작품이다. 매우 짧은 영상이지만 학생들이 열연한 작품이며, 코로나 상황에서 방역과 의료 현장에서 고군분투하고 있는 의료진에 대한 감사와 친구 간의 소통을 인터넷 세상과 연결 지어 구성했다.

인터넷과 관련한 주제가 나오면 무조건 시청해야 하는 나의 으뜸 자료이면서 가장 좋아하는 교육 영상이기도 하다. 시상금으로 참여 학생뿐 아니라 참여 학생들이 포함된 학급에까지 치킨과 우유에 타 먹는 분말형 코코아를 선물하기도 했다. 그래서 학생들이 매우 좋아하고 의미 있는 영상이다. 이 자료는 시기에 따라 정보통신윤리교육 주간, 인성 교육 주간뿐 아니라 교과 교육 시간인 실과 시간과 소프트웨어 교육 시간에도 자주 이용하고 있다. 출연했던 학생들은 영상 속 모델인 만큼 앞으로도 계속 행복한 인터넷 세상이 되도록 더욱 실천하겠다고 다짐하기도 했다.

또 다른 영상은 한국장애인재단에서 주관한 '2019년 장애인 인식 개선 공모전'에 출품해서 입상한 「시선 그리고 '나'」라는 작품이다. 모습과 행동이 남들과 다르다고 해서 장애인에 대한 왜곡된 시선을 가질 수 있다. 그에 대한 인식 변화의 필요성을 학생들과 함께 표현한 작품이다. 나와 학생의 내레이션이 시청자로 하여금 호소력 있게 다가오도록 했고, 영상 속도를 느리게 편집해서 장애인을 바라보는 시선을 학생들의 행동으로 좀 더 극적으로 표현했다.

이 작품도 매년 장애 이해 교육 주간에 활용하기도 하고, 배려, 존중, 다름과 차이 등과 연관된 교과 교육 시간에도 활용된다. 내가 영상에 관심을 가지기 시작한 시기에 제작된 작품으로 학생들을 지도하는 능력은 부족했지만, 학생들은 카메라 앞에서 무엇이든지 스스로 잘 해냈던 터라 기억에 많이 남는 작품이다.

2019년 '장애인 인식 개선 공모전' 입상작인 「시선 그리고 나」

7. 어린이 북튜버, 미래의 유튜버가 책을 만나다

아프리카에서 시작한 북튜버 활동

아프리카에 있는 2년간 책을 볼 여건이 되지 않아서 독서에 대한 목마름이 많았다. 그나마 갈증을 잠시나마 풀어 준 방법은 책을 소개하거나 독서 후 리뷰하는 유튜버의 영상을 시청하는 것이었다. 책과 관련한 콘텐츠 크리에이터를 '북튜버'라고 하는 줄 그때 알았다. 수많은 책 중에서 추천 도서를 선정하고 그 책이 가진 매력이나 읽은 소감을 북튜버의 생각과 말로 정리해서 전해 주는 방식은 내게 매우 신선했다.

그때 즐겨 보았던 대표적인 북튜버로는 '책그림'과 '겨울서점'youtube.com/c/겨울서점'이었다. 특히 '책그림'이 영상 제작할 때 사용하는 화이트보드 애니메이션 편집 프로그램인 비디오스크라이브'videoscribe'를 직접 구독해서 쓰기도 했고, '책그림'과 같은 북튜버 활동도 해 보고 싶었다. 왜냐하면 북튜버라는 콘텐츠 크리에이터 장르가 학생들의 독서에 대한 흥미와 독서 능력 향상에 도움을 주리라 확신했기 때문이다.

아프리카 현지에서부터 시작한 북튜버 활동은 매우 흥미로웠다. 당시 아내와 함께 만들었던 영상은 보여 주기에 매우 부끄럽지만 공유해 보려고 한다. 좁고 더운 방에서 스마트폰으로 녹음을 하고 온종일도 모자라 몇 날 며칠이 걸렸던 편집에 가끔 지치기도 했지만, 지금의 나를 만들어 준 소중한 시기이자 경험이라고 생각한다.

아프리카 현지에서 고군분투하면서 막 시작한 것에 비해서는 그래도 못 봐 줄 만한 정도는 아니라고 생각한다. 밑에 달린 댓글처럼 많은 분들이 응원해 주고 '좋아요'도 눌러 주었다. 이에 힘입어 앞으로도 계속 평생 책을 읽고, 읽은 책을 소개하는 취미를 가지면 좋겠다는 생각을 하게 되었다. 그래서 아프리카에서의 근무가 끝나고 한국에 있는 학교로 복직하게 되면 제자들과 함께 북튜버 활동을 해 보겠다는 결심을 하게 되었다. 곧 '사제동행 독서 동아리'를 통해 북튜버 활동을 하는 것이다.

'말랑도서관' 채널에서 『가족을 주문해 드립니다』 도서에 대한 리뷰 영상

2019년 복직 후 다짐한 대로 북튜버 활동 계획을 나름대로 수립했다. 먼저 교육청에서 지원하는 '사제동행 독서 동아리' 공모 사업에 지원했다. 그 당시로는 아마 처음이었는데, 책을 소개하는 북튜버를 꿈꾸는 '사제동행 독서 동아리'를 운영하겠다고 지원한 것이다. 다행히 지원 사업에 선정되었고, '말랑도서관'이라는 채널 안에 '넙도란도란'이라는 이름을 내걸고 학생들과 함께 운영을 시작했다. 그때의 기쁨은 이루 말할 수 없었고, 1년간 어떻게 운영하면 좋을지 행복한 상상에 빠지기도 했다.

사제동행 동아리 지원비로 채널을 통해 학생들이 소개할 책을 구입하고, 영상 촬영에 꼭 필요했던 조명, 크로마키chroma-key 장비 세트도 구입했다. 사제동행 동아리는 나의 조그마한 바람에서 시작되었고, '넙도란도란'은 책에 있는 지식을 바탕으로 다양한 공모전에 참여하면서 학교에 전설로 남게 되었다. 학생들이 무려 15개의 공모전에 입상할 정도였으니까.

사제동행 독서 동아리 활동, 또는 북튜버 활동은 참여하고 있는 학생들에게 초등학생 장래 희망 순위에 매년 다섯 손가락 안에 드는 유튜버가 되어 보는 경험을 선사해 주었다. 또 독서 활동이 책을 읽고 끝나는 것이 아니라 책에 대한 줄거리와 느낀 점 등을 남에게 전하면서 책을 소개하는 이런 일련의 과정으로부터 유의미한 독서 후 활동이 되었다는 장점도 있다. 교사도 아이들에게 소개해 주고 싶은 책을 직접 영상으로 만들고 공유함으로써 책을 매개로 학생들과 소통할 수 있었다.

첫 번째 영상은 사제동행 동아리에서 제작한 영상이기도 하고, '2019 전주독서대전'에 참가한 학생의 작품이다. 독서를 정말 좋아하는 3학년 학생이 독서하고 기록한 내용을 바탕으로 제작한 인상 깊은 영상이다. 특히 화면에 나오는 영상과 음원은 상업적 이용이 가능한 자료를 활용해서 제작했다. 사용된 자료 모두 학생의 다부진 목소리와 영상 분위기가 어우러져 작품을 이해하는 데 많은 도움을 준다.

평소 학급에서 독서 기록이나 감상문을 쓰고 있다면 이를 학생의 목소리로 녹음하고 관련 자료를 엮어서 만들면 된다. 학생들은 결과물을 보고 무엇보다 만족감이 높았고, 이를 본 학부모들도 백이면 백 모두 매우 좋아했다. 교사 입장에서도 독서 기록이나 감상문보다 영상이 백 배 더 나아 보이지 않는가? 선생님 누구나 어렵지 않게 지도할 수 있다.

학급에 독서를 좋아하는 학생이 있다면 꼭 북튜버 활동을 추천한다. 보통 저학년에서 중학년까지는 독서를 좋아하는 학생들이 많다가 고

'2019 전주독서대전' 북튜버 부문 『독도는 외롭지 않아』 도서 소개 참가작

학년이 될수록 줄어드는 현상을 매번 볼수록 마음이 아프다. 이 활동은 독서 활동을 더욱 알차게 할 것이고, 기존에 했던 독서 후 활동보다 의미가 있는 활동이 될 것이라 확신한다.

무엇보다 학생 스스로가 독서를 각별하게 여길 것이다. 누구나 책을 읽고 대본 작성, 촬영, 녹음, 편집 등 종합 과정을 거치면서 각고의 노력 끝에 만든 영상 작품은 뜻깊은 독서 후 활동이 되기 때문이다. 앞으로 꾸준히 하게 된다면 공유한 작품을 매개로 책에 관한 생각을 많은 사람과 나눌 것이고, 학생 스스로 사고력 향상에도 큰 도움을 줄 것이다.

선생님 북튜버

사제동행 동아리였던 만큼 나도 북튜버 활동에 열심히 참여했다. 두 번째 소개할 영상은 '2020 전주독서대전' 북튜버 공모전 부문 우수상을 받은 작품이다. 『세상을 바꾼 음식 이야기』라는 책을 읽고, 그중 인상 깊게 읽었던 부분을 소개하는 영상이다. 청어라는 음식 재료가 네

'2020 전주독서대전' 북튜버 부문 우수상 수상작인 『세상을 바꾼 음익 이야기』 소개 영상

덜란드의 배, 수송, 종교, 경제, 세계 역사 등에 꼬리에 꼬리를 물 듯 영향을 준 것에 내게는 매우 흥미로웠다. 이런 이야기들을 영상으로 남기고 싶었고, 책을 읽은 시간도 순간 삭제될 만큼 재미있게 읽었던지라 많은 사람들에게 이 책을 추천하고 싶었다.

책 내용을 소개하면서 과감하게 유료 영상과 음원을 사용한 작품으로, 영상 배경이 내게는 괜찮아 보인 작품이다. 사용된 영상과 음원도 책 내용과 관련된 내용을 이해하기 쉽게 도와주고 있다. 작품을 보면 교양과 더불어 호기심을 시청자에게 던져 주는 작품이기도 하다. 여러분도 학생에게, 또는 다른 사람들에게 소개해 주고 싶은 책이 있다면 책 소개 영상을 만들어 보길 강력히 추천한다.

더불어 한국교직원공제회에서 지원받아 제작된 책 소개 영상도 첨부한다. 먼저 언급한 두 작품이 아동과 청소년을 위한 책 소개 영상이라면 이번 영상은 주 시청자인 교사 관점에서 다루어지는 작품으로 북튜버 활동이 무엇인지 조금이나마 도움이 되고자 소개해 본다. 이 영상은 현직 선생님이 쓴 두 권의 책 『선생님 마음 사전』과 『그림책, 교사의 삶으로 다가오다』를 소개하는 것이다. 책 내용, 읽은 소감, 그리

'현직 선생님이 펴낸 책 속에 담긴 공감과 위로를 만나보세요 [The-K 크리에이터]'

고 배경 영상과 음악으로 엮어서 만든 작품으로 책 소개 영상을 만들어 보려는 선생님에게 도움이 되었으면 좋겠다.

책 소개 영상을 제작하는 과정은 나중에 자세히 언급하겠다. 여기에 대해 참고하면 좋을 북튜버들이 있다. '재밌는책언니[해죽이북카페] youtube.com/c/해죽이북카페' '사월이네 북리뷰youtube.com/c/KittenApril' '시한책방youtube.com/c/시한책방' '문학줍줍youtube.com/c/문학줍줍' '겨울서점' '책그림' 등이다. 제각각 다른 형식으로 책 소개를 하기 때문에 한 번씩 방문해서 영상을 직접 보기를 추천한다. 그러면 선생님 자신과 학생들에게 적합한 방법을 생각해 낼 수 있을 것이다.

8. 교실에 활기를 더하는 교육 영상

정보 전달 교육 영상 만들기

미술 수업이나 과학 실험을 시연할 때마다 선생님들이 직접 제작한 영상을 참고하는 경우가 많다. 미리 영상을 보고 나서 교육 활동을 진행하면 시행착오를 줄여 주기 때문에 이런 영상은 수업 시간에 중요한 자료로 활용된다. 최근에는 유튜브에 수업 활동 사례나 수업 자료를 공유해서 수많은 구독자를 거느린 선생님도 많다고 한다. 몇 년 전까지만 해도 관심 카테고리가 같은 블로그나 게시판같이 한정된 공간에서만 글과 사진을 공유했지만, 이제는 블로그나 게시판을 넘어 누구나 쉽게 소통할 수 있는 온라인 공간에서 다양한 자료들이 생산·소비 공유되고 있다.

그래서인지 요즘 현직 교사들을 대상으로 한 원격 교육 직무 연수 누리집에 과정 검색을 해보면 유튜브, 크리에이터, 교육 영상 제작과 관련된 연수 강좌들이 꽤 많다. 그러고 보면 과거에는 영상 자료를 수업 시간에 이용하는 수요자였던 선생님들이 이제는 수요자인 동시에 생산자 즉 콘텐츠 크리에이터로 나아가고 있는 현실을 반영해 준다. 내 주위에서도 교육과 관련된 콘텐츠 크리에이터가 되어 보려고 노력하는 선생님들을 쉽게 만날 수 있을 정도다.

그렇다고 무작정 교육 영상을 제작하기에는 쉽지 않은 과정이다. 아마 유튜브에 한 번이라도 영상을 올려 본 사람이라면 누구나 많은 시행착오를 겪었을 것이다. 카메라 조작, 오디오 세팅부터 기획, 편집까지 수요자로서 볼 때는 간단히 보였던 과정들이 실제 생산자나 제작가가 되어 만들다 보면 우스갯소리로 '히말라야 같은 높은 산이 코앞에서 가로막고 있다'라는 현실을 마주하게 된다.

하지만 어려움을 이겨내고 직접 영상을 만들게 되면 그 통쾌함은 이루 말할 수 없다. 몇 년 전 무심코 만든 첫 영상을 누구에게 보여 준다고 하면 그저 부끄러웠지만, 그때 만들면서 했던 고민이 지금까지도 뼈가 되고 살이 되곤 한다. 아무튼 영상을 보는 취미에서 갑자기 한 번 만들어 볼까라는 생각이 조금이라도 든다면 무조건 제작해 보라고 권하고 싶다. 시행착오에서 얻는 데이터, 즉 경험은 피가 되고 살이 되기

'쇼미 더 사이언스'의 영상 클립 공모전에 응모한 과학 실험인 「쉽고, 맛있고, 즐거운 슬러시 만들기」 영상

때문이다.

　서두가 길었다. 한계점을 지나면 그 다음부터는 어렵지 않게 무언가를 이루듯이 영상 제작도 그렇게 느껴질 때가 있다. 나도 영상 제작에 취미를 두고 많은 시행착오를 겪다 보니 비록 전문가는 아니지만, 이제는 내가 생각하는 한계점에 막 지난 것 같다. 무언가 제작해 보고 싶은 영상이 있으면 후다닥 기획안을 쓰고, 촬영 세팅을 하고, 촬영하고, 편집하고, 유튜브에 올리는 일련의 과정이 몸과 마음에 자연스럽게 습득된 것이다. 여러분도 한계점에 마주할 때까지 나아가되, 억지로 하지 말고 취미 생활을 즐기듯 즐겁게 한계점으로 향하도록 하면 된다. 그러면 학교 업무의 연장으로 정보 전달 교육 영상을 만드는 게 아니라 그저 즐거운 영상을 만들겠다는 생각으로 제작한 작품을 소개해 보겠다.

교육 영상에 선생님이 나온다면

　이번에 보여드릴 한 영상은 한국과학창의재단에서 주최하는 '쇼미 더 사이언스'라는 행사의 일환으로 개최한 '영상 클립 공모전'이었다. 주제를 보자마자 '이거다' 하고 술술 기획안을 머리에 떠올렸고 종이에 휘리릭 썼던 작품이다. 이 작품은 '아프리카에서 학생들이 가장 좋아했던 슬러시 만들기 실험'이라는 관심을 끄는 도입 부분, 익살스러운 행동으로 집에 있는 소금과 얼음만으로 슬러시를 만드는 과정을 소개하는 전개 부분, 실험과 관련된 이론을 유용한 모션그래픽motion graphic로 설명하는 마지막 부분으로 구성했다. 구성이 어떤가? 구성한 차례를 보는 것만으로도 무언가 흥미롭고 유익한 내용이 담긴 영상이라는 느낌이 오는가?

시청자에게 흥미롭고 유익한 내용을 소개하고자 노력했고, 내가 가지고 있는 모든 역량을 쏟은 작품이었는데 아쉽게도 수상하지는 못했다. 영상 작품을 공모전 입상 여부에 따라 좋은 영상이라고 판단할 순 없지만, 학생들을 가르치면서 해당 단원 과학 시간에 가장 많이 보여주었고, 꾸준히 이용되는 자료 영상이기도 하다.

아이들의 반응은 매우 뜨겁다. 선생님이 직접 영상에 나오는 것이 신기해하기도 하고, 내 익살스러운 모습에 놀라워한 학생도 있었다. 심지어 학생들도 영상에 출연시켜 달라고 난리가 났다. 또래의 아프리카 학생이 한 실험을 자신들도 한다니 설렌다고 하는 아이들도 있었다. 이런 난리 때문이기도 하고 아이들의 성원에 못 이겨서 학생들과 직접 여러 번 슬러시를 만들기도 했다.

다음으로 소개할 영상은 석고 방향제 만들기 영상이다. 내가 촬영과 편집을 기꺼이 도와주었다기보다 강요 때문에 도와준 작품이다. 슬러시 만들기와 같은 시기에 제작된 영상인데, 시간을 들여서 더 잘 만들

전라남도창의융합교육원 진행한 '[신나는 랜선 과학탐구생활] 석고 방향제 만들기'

어진 느낌이 난다. 도움을 요청했던 사람은 나의 카메라 소모품을 살 수 있도록 용돈을 주시는 왕비 같은 아내이기 때문이다. 그래서 명을 거절할 수 없었다.

이 작품은 키트를 통해 방향제를 만드는 영상에 그치지 않고 여러 과학 현상과 이론까지 다루고 있다. 학생들이 지루해하지 않게 많은 모션 그래픽이 들어갔고 이미지의 움직임에 따라 생동감 있게 효과음도 집어넣었다. 교실에서도 학생들이 재미있게 실험하면서 공부할 수 있지만, 코로나19로 인해 원격 수업이 많아진 만큼 취지에 맞게 제작된 랜선 과학 탐구 생활 작품제작 키트 제공은 집에서도 학생들이 즐겁게 공부할 수 있겠다는 생각을 하게 된다.

이처럼 학교 현장에서 제작된 영상은 언제 어디서나 쓰일 상황이 많다. 직접 만든 영상에 출연한 등장인물에 따라서 사용되는 효과는 배가 되기도 한다. 이 글을 읽는 분이 선생님이라면 짧은 영상이라도 선생님의 목소리와 모습을 담아 보라. 그 효과를 경험하게 될 것이다. 그리고 제작된 영상을 매개로 학생들과 만나는 기회를 가져 보는 것은 색다른 경험과 추억을 가져다 줄 것이다.

9. 영상으로 만든 교육 현장 이야기

영상 콘텐츠가 가득한 학교라는 교육 현장

2021년 9월, 나와 우리 학급은 연일 좋은 소식으로 인해 기쁨을 감출 수 없었다. 교육지원청에서 주관한 '학생자치활동 홍보 UCC 공모전'과 교육부와 17개 시·도교육청이 주최한 '2021 그린스마트 미래학교 「가상설계 및 콘텐츠」 공모전'의 영상 콘텐츠 분야에서 모두 최우수상을 수상했기 때문이다. 두 작품 모두 평소 학교에서 학생들과 하는 활동들을 영상으로 엮어서 출품했는데, 뜻밖의 큰 상이라 우리 학급 모두 이것이 꿈인가 생시인가 어안이 벙벙했다.

학교 앞과 배가 드나드는 선착장에 크게 '최우수상 수상'이라고 쓰인 글귀와 자랑찬 아이들의 사진이 함께 들어간 플래카드가 걸렸고, 수상 소식이 지역 일간지와 TV에서 언급되기도 했다. 더욱이 교육감께서 직접 전화를 주셔서 수상을 축하하는 덕담을 전해 주기까지 했다. 학교 교육 가족 모두 함께 기뻐해 주니 아이들도 덩달아 좋아했다.

상금을 받게 되면 어떻게 써야 좋을지 아이들과 나는 함께 즐겁게 고민했다. 학생들과 소소하게 과자 파티를 할 목적으로 공모전에 제출했던 영상이 큰 상을 타게 되었고, 부수적인 효과로 학생들과 함께 만든 영상이 섬마을의 작은 학교 이름까지 널리 홍보해 주어서 학생뿐 아니라 학부모, 학교 교육 가족들과 함께 기쁨을 만끽할 수 있었다.

교육 현장은 다채로운 활동이 일어나는 곳이다. 월중 행사도 그렇고, 주간 교육 계획, 심지어 주간 시간표에도 학생들의 교육을 위한 알찬 계획들이 빼곡히 적혀 있다. 그중 한 가지 활동만으로도 충분히 의미 있는 이야기가 담긴 영상을 만들 수 있는 곳이 학교다. 유튜버나 콘텐츠 크리에이터들이 엄청나게 기획을 고민하고 이에 따라 촬영하고 편집한 영상을 공유하는데, 학교 현장에서는 이런 다양하고 유의미한 주제와 활동들이 기획 없이도 아주 많다.

영상을 좋아하는 선생님이라면 학교 학생들과 한 활동만으로 사람들의 시선을 주목할 만한 작품을 많이 제작할 수 있을 것이다. 특히 학교는 교육을 매개로 대부분 활동들이 이루어지므로 교육 홍보와 관련

2021년 '학생 자치 활동 홍보 UCC 공모전' 최우수작인 「완도 섬마을 학교: 우리들_ 학생회 자치 활동 이야기」

한 영상을 제작하려는 선생님이라면 의도하는 목적에 맞는 영상을 제작하고 활용하는 데 매우 효과적일 것이다. 그럼 교육 현장 이야기를 널리 알리려고 제작된 영상을 살펴보자.

학생 자치 활동을 담아낸 교육 현장 이야기

'학생 자치 활동 홍보 UCC 공모전'에 제출한 작품은 3월부터 8월까지 우리 학교 학생회 임원들과 전교 어린이들이 노력하면서 진행했던 학생 자치 활동에 관한 진솔한 교육 현장 이야기를 담은 영상 작품이다. 학생들의 요구에 부합하고, 학교 문제, 환경 문제에 학생들이 주체가 되어 해결 방안을 모색하는 과정을 담은 영상은 언제나 봐도 학생들로부터 뿜어져 나오는 희망차고 뜨거운 기운을 전해 준다.

영상 속 이야기는 다음과 같다. 학급 선거와 전교어린이회장 후보자 토론 및 투표는 학생이 학교 일에 있어 주체가 되는 과정의 첫걸음이자 학생 자치 활동이라는 큰 여정의 시작이기도 하다. 2020년 코로나 상황으로 멈췄던 방송반 활동은 방송반 모집과 함께 다시 시작되었다. 등교 시간과 점심시간에 '꿈꾸는 라디오'를 운영하면서 학생들이 듣고 싶어 하는 노래가 학교 분위기를 활기차게 바꾸어 놓았다.

코로나19 때문에 방역을 위해 중앙 현관만 이용하게 된 상황에서 신발장 문제를 두고 학생과 교직원이 함께 머리를 맞대어 누구나 공감할 만한 해결책을 계속 고민하는 중이고, 학생들에게는 큰 관심사인 급식 메뉴도 학생들의 의견을 반영하여 선정하고 있다. 학생회 주관 아래 환경 문제와 에너지 절약을 해결하고자 포스터 제작, 캠페인 활동, 환경 보호 미션 활동을 꾸준히 진행하고 있다.

그뿐 아니라 아침 활동 시간에 운동회도 기획해서 한동안 아침마다 운동회가 열리는 학교로 변모하기까지 했다. 또 우산 대여소 공약은 비가 오는 날 우산을 가져오지 못한 학생들에게 큰 도움을 주었다. 패들릿padlet 프로그램으로 토의한 내용을 공유하고 피드백하면서 최선의 방안을 찾아가는 모습은 오히려 어른들이 보고 배워야 할 정도로 진지했다.

이처럼 민주 시민으로 성장해 나가는 학생들을 영상에 담는 것은 매우 흥미로운 일이다. 단지 활동하는 모습을 사진으로만 찍었다면 과연 학생들이 목표에 다가가려는 진지한 모습, 마음을 다해 학교와 지역 사회를 위해 노력하는 모습을 담을 수 있을까라고 생각해 보게 된다. 자치 담당 선생님과 학생회 임원들 그리고 함께 변화를 꿈꾸는 전교생들의 염원을 영상이라는 매체로 옮겼고, 그 영상은 좋은 방향으로 쓰이고 다른 학교에서까지 본보기가 되고 있다.

'2021 그린스마트 미래학교 「가상설계 및 콘텐츠」 공모전'에서 최우수상을 받은 「2025. 섬마을학교, 그린스마트미래학교로 진행 중!」

'그린스마트 미래학교 「가상설계 및 콘텐츠」 공모전'은 그린스마트 미래학교의 취지를 홍보하고자 마련된 공모전으로 교육부가 주최하고 17개 시·도교육청이 주관한 매우 큰 공모전이다. 가상설계 분야, 영상 콘텐츠 분야, 보고서 분야 등으로 나뉘어 있고, 시상금 규모도 매우 컸다. 나와 학생들이 지원한 영상 콘텐츠 분야의 주제는 미래에 그린스마트 미래학교에서 지내는 일상을 표현하는 것이다.

우리 학교는 현재 개교 100주년으로, 그린스마트 미래학교로 나아가기 위해 사업 계획을 구상 중이었고, 평소 학교 교육 또한 AI^Artificial Intelligence, 인공 지능, AR^Augmented Reality, 증강 현실 등의 창의 융합 및 스마트 교육, 에너지 절약 및 지속적인 환경 교육, 지역 사회 및 마을 공동체 교육 등 그린스마트 미래학교가 추구하는 목적과 부합하게 이루어지고 있었다. 내가 가지고 있던 교육 활동 영상 가운데 하나를 2025년의 가상 이야기로 엮으면 좋겠다고 생각했다. 그렇게 제작된 영상이 최우수상의 영광을 받게 되었다.

「2025. 섬마을학교, 그린스마트 미래학교로 진행 중!」이라는 제목으로 2025년 섬마을 학교에서 벌어지고 있는 그린스마트 미래학교의 일상을 영상으로 담아냈다. 2025년 개교 104주년으로 몇 년 전까지만 해도 학생 수 60여 명 남짓한 작은 학교가 그린스마트 미래학교가 되면서 유학생이 이곳 섬까지 찾게 되는 학교로 소개하면서 이야기가 시작된다. 교과서를 매개로 이루어지는 교육이 아니라 다양한 매체 즉 AI, AR 등으로 섬이라는 지역적 제한은 이제 사라지고 다양한 실감형 교육으로 무한한 교육의 기회를 학생들이 가지게 된다.

학교는 지역 사회 중심으로 마을도서관, 마을 영화관, 마을 행사 장소로 사용되기도 하고 학교 밖과 경계가 사라져 학생들에게 삶이 담긴 지역의 모습을 몸소 체험하기도 한다. 특히 학생들 스스로 탄소 중립 선언을 함으로써 시작된 무지개 정원은 환경에 대한 중요성을 일깨워 주는 환경 알리미 역할로 지역 주민들에게 큰 영감을 주고 있다는 내용이다.

위와 같은 내용으로 학생들이 활동했던 영상을 통해 하고 싶은 이야기와 함께 엮었고, 기타 선율이 들어간 배경 음악은 작품 분위기를 감미롭게 했다. '백문이 불여일견'이라고 했던가? 내가 쓴 글보다는 영상을 한번 보면 좋겠다. 부족하지만 영상 속 이야기가 어떤 힘이 있는지, 그리고 교육 현장 이야기를 어떻게 짧은 영상 안에 드러내고 있는지 생각하면서 감상하면 좋을 것이다.

교육 활동 영상으로 만드는 '교육 현장 이야기'

'교육 홍보'나 '교육 현장 이야기'라고 해서 무조건 고민이 가득한 기획과 이를 토대로 의도한 촬영만 하는 것은 아니다. 기존 교육 홍보 영상을 보고 으레 '이런 것을 어떻게 만들어' 하고 시도조차 못하는 경우가 있다. 하지만 학교 현장에서 일어나는 교육 활동만으로도 어렵지 않게 만들 수 있다. 공모전이나 홍보 영상이 목표에 맞춰 필요한 경우에는 교육 활동 영상을 기본으로 조금 더 의도한 영상을 추가하면 된다.

학교 현장은 교사와 학생 간에 수많은 상호작용이 일어난 곳이고, 교육 활동 대부분이 상호 주체에 대해 유의미한 영향을 준다. 학교 교육 계획부터 학년 교육 계획, 그 밖에 모든 교육 활동 계획이 세워지고 실행되기까지 이미 교육 가족들의 많은 노고와 땀이 포함되어 있다. 교육 활동 계획이 대충이라는 말은 전혀 어울리지 않는다. 이 모든 활동을 카메라에 담아내고 영상이라는 매체로 엮으면 어느 것보다 가치 있는 '교육 홍보 영상' '교육 현장 이야기'가 될 것이고, 더 나아가 아이들의 삶이 담긴 영상이 될 것이다.

2부 영상 제작 장비, 어떻게 마련할까?

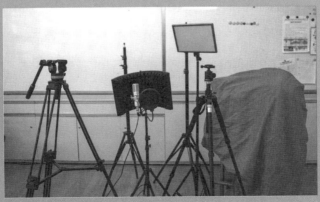

우리 반 교실에 항상 비치되어 있는 영상 및 녹음 장비들

10. 자기계발에 투자하라

"교사가 돼서 월급을 받으면 꼭 자신에게 투자하세요."

춘천교육대학교 4학년 시절 마지막 실습을 위한 오리엔테이션에서 당시 이면우 총장님이 하신 말씀이다. 9년이 지난 지금까지도 잊지 않고 기억하는 걸 보면 당시 참으로 신선했던 조언이었나 보다. 그때 임용에 합격하게 되면 반드시 첫 월급의 20퍼센트를 나에게만 쓰겠다는 다짐을 공부하던 임용 문제집에 적었던 기억이 떠오른다.

교사가 된 지 8년째이지만 지금도 총장님의 조언을 원칙 삼아 살아오고 있다. 그래서 나 자신을 계발하는 데에는 걱정 없이 쓰고 있다. 여태 살아오면서 먹는 것을 아끼고 아직 차가 없을 정도로 자전거로 교통비를 아끼면서 살아왔다. 특히 옷, 신발, 외모와 관련된 물건에는 돈을 들이지 않을 정도로 크게 신경 쓰지 않는다. 다행히 내가 신경 쓰지 않는 부분을 아내가 챙겨 주어서 그나마 사람처럼 보이긴 한다. 또 선생님끼리 저녁 식사 자리를 갖게 되면 오가는 대화 가운데 주식 이야기는 늘 빠지지 않는다. 그때마다 나는 침묵을 유지하는데, 주식의 '주' 자도 모르는 보기 드문 어른이기 때문이다. 그럼에도 나 자신을 누구보다 잘 알고 어떻게 성장해 나갈지 궁금하기도 해서 지금까지도 여전히 무한한 신뢰로 자신에게 열심히 투자하고 있다.

사계절 옷이 조그마한 옷장에 여유를 부리며 놓여 있는 데 반해 비밀 보관함에는 아내에게 정확한 가격을 밝히지 않은 여러 대의 카메라가 빼곡하게 놓여 있다. 렌즈와 촬영 액세서리도 돈이 지갑에 충전되면 그 즉시로 구매하고 있어서 비밀 보관함을 곧 옮겨야 할 판이다. 또 영상 편집 프로그램 이용료, 영상과 음원 사용료, 클라우드 구독료, 수강료, 도서 구입까지 합치면 고정적으로 연 150만 원 이상을 지불하고 있다. 그 외에는 온전히 노트북, 카메라, 렌즈 등을 구입하기 위해 꾸준히 저축하고 있다. 그래도 자신에게 투자하는 것을 전적으로 믿는다. 언젠가 빛을 뿜어낼 나에 대한 투자가 될 테니까.

배우고 성장한다는 것

이 글을 읽는 독자마다 경제 상황이나 여건이 다를 것이다. 아이가 있는 가정, 큰 비용이 드는 차량이나 아파트 구입을 계획한 분도 있을 것이다. 그렇다고 자신의 흥미나 미래를 위해 스스로에게 투자를 게을리하지 않았으면 한다. 도화선에 불을 붙이면 끄기 어렵듯 뚜렷한 목적으로 투자하고 정진한다면 어느새 큰 열매가 맺혀 있을 것이다. 특히 교사는 학생들을 대신해서 다양한 경험을 하고 학생들에게 교육으로 직간접적으로 영향을 끼치는 중요한 존재이다. 내가 섬에서만 근무를 해서 현장에서 배우는 기회가 매우 적긴 하지만, 기회가 된다면 학생들을 위해 댄스, 작곡, 암벽 등반, 수영, 보컬 등을 배우는 데 투자해 보고 싶다. 여러분도 꼭 해보고 싶은 것들이 있다면 선정해서 앞만 보고 나아가길 추천한다. 투자를 위해 막 출발한 분들이라면 시간이 매우 적다는 생각이 들 수도 있다. 세상에는 한정된 시간에 배우기에는 너무나 재밌는 것이 많기 때문이다. 그러니 늦었다고 생각할 때 빨리 투자하고 시작한다면 빠른 것이다.

나의 경우 영상 편집 프로그램을 고를 때부터 수많은 갈림길을 경험하거나 다시 돌아오는 경우가 많았다. 쉬운 앱부터 시작할지, 배우더라도 전문가들이 쓰는 앱을 쓸지 많은 고민을 했다. 또한 합리적 선택에서 중요한 가격도 고려해야 할 것이다. 마찬가지로 필요한 물품을 고를 때 여러 후기와 완성된 작품을 보고 나서야 대체로 마음을 정하지만, 곧바로 가격 문제에 봉착되기도 한다.

이럴 때마다 '교사가 돼서 월급을 받으면 꼭 일정 금액을 자신에게 투자하라'라는 말을 되뇐다. 그러고 나면 한결 편할 것이다. 혹시 가족이나 친구들이 왜 이런 걸 사느냐고 묻는다면 이면우 총장님의 조언을 들려주길 바란다. 최근 나는 '오큘러스 퀘스트 2Oculus Quest 2'라는 VRvirtual reality, 가상현실 기기를 구입할 때, 새 카메라를 구매할 때, 음악 저작권 사이트 구독료 등을 결제할 때 당당하게 '자신에게 투자하라'라는 문구를 아내에게 보고하고 구입했다. 여러분도 자신에게 투자하고 자기계발을 통한 성장을 이루시길 바란다.

11. 촬영 장비를 사고 싶지만

장비병

혹시 장비병이라고 들어보았는가? 취미 생활에 필요 이상으로 장비를 구매하려는 심리를 병에 빗댄 말이다. 예를 들어 막 입문하는 초보자가 전문가들이나 쓸 법한 장비를 사야 한다는 강박을 가지는 경우를 이르는 말이다. 아마도 많은 사람들이 영상 제작에 입문하는 순간 나처럼 어떤 장비를 살지에 정신을 뺏겨서 정작 영상 만드는 것에 대해서는 후순위가 되는 경우를 경험하기도 한다.

"장비병에 걸리면 무섭나요?"

합리적인 선택과 소비를 한다고 자처해 온 나도 장비병이 올 만큼 전염력이 강하고 심적으로 매우 힘들게 한다. 그래서 무섭다. 가격이 고가인 데다 가격대별로 다양한 제품이 있는 경우 장비병에 걸렸다면 헤어나오기 쉽지 않다. 그렇다고 막상 장비병에 걸리면 당하리라는 법도 없다.

장비병을 피하는 첫 번째 방법은 인터넷 커뮤니티, 카페, SNS 채널 등에서 멀리하는 것이다. 대개 이런 곳에서 구매 정보, 구매 팁, 다른 제품과의 비교 정보를 얻곤 한다. 사기 전에 먼저 이런 곳을 기웃거리다가는 한순간에 자신도 그 물건에 대한 모든 것을 알게 되는 일이 벌어진다. 나도 태블릿 PC를 구입하기 위해 이것저것 살펴보다가 장비병에 걸렸는데, 태블릿 PC에 들어간 반도체 칩의 사양, 성능, 카메라 화소뿐 아니라 심지어 배터리 성능까지 알게 되어 버렸다.

두 번째는 그냥 장비를 사라는 것이다. 그냥 사면 다 잊게 된다. 한동안 새로운 장비가 나오기까지 말이다. 장비를 사고 나면 뭐 하려고 죽기 살기로 이것을 알아보며 끊임없이 고민했었는지 한탄스러운 마음도 있지만, 장비병이 없어져서 마음이 평온해지고 해방감 또한 이루 말할 수 없다. 요즘은 제품에 대한 정보들을 SNS 채널이나 제품 관련 누리집에서 쉽게 접할 수 있다. 그러다 보니 수많은 정보를 보고 나중에는 제품에 대해 모르는 게 없을 정도가 된다. 이렇게 공부했더라면 인생이 달라졌을 것이다. 그리고 이제 더 이상 쇼핑몰들을 돌아다니면서 가격 비교도 안 해도 되니 감옥에서 탈출한 해방감을 맛보게 될 것이다. 이 과정을 여러 번 거치다 보면 고민 없이 '결제' 버튼을 누르게 된다.

마지막 방법은 돈이 충분치 않지만, 긍정적으로 장비병을 피하고 싶은 분에게 추천하는 방법이다. 바로 장비병을 목표로 삼고 노력하는 것이다. 주변에 실력은 그럭저럭하지만 좋은 장비를 사고 싶은 욕심과 목표를 가진 지인이 있다. 그래서 가장 좋은 장비를 사기 위해 먼저 실력을 키우겠다고 다짐하고 열심히 배우는 중이다. 장비병이 실력을 기르기 위해 노력하는 계기가 된 것이다.

나도 비슷한 경험이 있다. 태플릿 PC를 사고 싶은 열망으로 인해 장비병에 걸리게 된 적이 있다. 수없이 태플릿 PC 누리집을 들락거리고 쇼핑몰의 가격을 비교하는가 하면 SNS 채널에서 관련 영상이나 후기를 매일 찾아보았다. 몇 달 동안 그것에 정신을 빼앗기고 있을 때 한 줄기 빛처럼 EBS 이숍ebssw.kr에서 주최하는 공모전 안내 포스터를 보게 되었다. 수업지도안 작성 부문인데, 1등 상품이 바로 그 태블릿 PC였다. 그때 온갖 아이디어를 짜내고 오랜 시간에 걸쳐 수업지도안을 준비했다. 목표는 1등이었다. 결국 1등을 하게 되었고 태플릿 PC에 대한 장비병도 사라졌다. 1등이 아니었다 해도 장비병을 계기로 수업지도안 작성법을 많이 배울 수 있었고, 교육 현장에서 많은 도움이 되었다. 즉 장비병을 말끔히 없애 줄 자신만의 방법을 생각해 보면 좋겠다.

얼른 사는 것도 방법이다

내가 추천하는 가장 현실적인 방법은 그냥 얼른 장비를 사는 것이다. 이미 사고 싶은 장비에 마음이 쏠려 있을 경우 장비를 사지 않으면 계속 후회하게 된다. 커뮤니티에서 제품을 사야 할지 말아야 할지 고민이라는 게시글에 종종 '고민은 배송만 늦출 뿐'이라는 댓글을 심심찮게 볼 수 있다. 아마 나와 같은 심정일 것이다. 나는 지금도 영상 공모전 출품을 목표로 장비 구입을 위한 비자금을 조성하고 있다. 공모전에 출품하면서 영상 실력을 늘리고 수상하게 된다면 상금으로 장비를 사는 데 보탤 수 있으니 일석이조다.

장비를 얼른 사라고 하는 다른 이유는 장비병에서 헤어나오지 못하는 동안 아무것도 할 수 없기 때문이다. 카메라 커뮤니티에서도 다수는 고민하지 말고 빨리 카메라를 사라고 조언한다. 왜냐하면 고민하면서 시간을 낭비하기보다 카메라를 사서 찍어 보고 영상이나 사진 촬영 기술을 빨리 늘리는 게 낫다는 의미다. 최근에 나는 첫 풀 프레임 카메라로 소니 알파 A7C를 샀다. 특정 메이커를 소개한 부분은 양해해 주길 바란다. 사기 전까지는 반년 동안 시도 때도 없이 고민했다. 가까운 시일 내로 명기라고 소문이 나 있는 소니 A7M3의 다음 버전 카메라가 나온다는 소문이 있었기 때문이다.

지금은 소니 A7M4 카메라까지 출시되었지만, 그렇다고 현재 나의 카메라를 산 것에 대해 전혀 후회하지 않는다. 오히려 고민하기보다 반년 전에 미리 샀다면 많이 만져 보고 다루어 보면서 지금보다 뛰어난 실력으로 더 잘 찍을 수 있을 텐데라고 후회하고 있다.

앞에서 이야기했듯이 두 가지로 요약하자면, 월급에서 일정 부분은 자기계발에 투자하라는 것과 장비병을 피하거나 치유의 방법으로 그냥 얼른 사라는 것이다. 장비를 선택하면서 겪게 되는 갈등에서 그나마 심적 고통을 덜어내 줄 것이다. 그렇다고 과소비를 조장하는 것은 아니다. 모두 선생님들의 영상 제작에 도움이 될까 하고 드리는 경험담이자 조언으로 생각해 주면 좋겠다.

12. 촬영 카메라를 합리적으로 선택하려면?

카메라를 잘 구매하는 방법

영상 제작 시 가장 중요한 무기가 무엇이냐고 물어보면 카메라라고 답하는 사람들이 대다수다. 맞다. 당연히 그렇다. 그래서 내게 개인적

교실에서 쓰는 카메라들. 왼쪽부터 소니 알파 A7C, DJI 오즈모 포켓 2, 고프로 맥스, 고프로 히어로 블랙 9이다.

으로나 학교에서 쓸 카메라를 선정해 달라는 요청을 종종 받게 된다. 그때마다 참 난감하다. 카메라 종류가 많을 뿐더러 좋은 것은 비싸기 때문에 하나를 집어서 추천하기란 쉽지 않다. 입문하시는 분에게 비싼 카메라를 권해 드리기는 힘들다. 그래서 그런 요청이 오면 두리뭉실하게 조언을 건넨다.

카메라는 활용하는 사람의 성향에 따라 카메라의 성능을 얼마나 활용하는지 달려 있다. 어차피 카메라를 사용하기 위해 알아야 한다면 기본적인 기능과 정보를 꼼꼼히 알아 두는 것이 좋다. 다만 보다 자세한 정보는 SNS 채널인 유튜브에서 콘텐츠 크리에이터들이 제작한 영상을 참고하면 된다. 유튜브에서 검색해 보면 제품 소개부터 비슷한 종류의 카메라와 성능 비교, 심지어 튜토리얼까지 없는 게 없다. 3~4년 전까지만 해도 포털사이트에서 여러 정보를 얻었다면 지금은 유튜브에서 궁금한 것을 검색해서 해결하며, 다양한 정보를 영상으로 익히고 있다.

특히 카메라를 구매하기 전이라면 꼭 유튜브를 참고하시기 바란다. 카메라를 직접 사용해 본 후기, 촬영 결과물, 사용 방법 등을 전문가 입장에서 다루는 채널과 영상들이 많다. 요즘은 외국 채널이나 동영상도 자막으로 시청이 가능하다. 시간만 있다면 헤아릴 수 없는 정보들을 마주할 수 있을 것이다. 나는 360도 카메라를 구입하기 전에 유튜브에서 많은 도움을 얻었다. 다만 촬영과 편집 시 필요한 사용법과 편집 방법에 대해서는 우리나라 채널에서 소개하는 경우가 드물었다. 대부분 간단한 이용 후기와 언박싱 정도만 소개되었다. 외국 채널에서 검색했을 때는 내가 원하는 정보들이 요목조목 동영상으로 제공되고 있어서 유익했다. 촬영법, 색감, 프리미어 프로에서의 편집법 등이 그랬다.

영상을 촬영하고 제작하는 작업을 좋아하는 만큼 나는 다양한 카메라를 보유하고 있고, 학교에서 지원해서 사용하는 카메라도 있다. 그러고 보니 자주 사용하는 카메라도 대여섯 개나 된다. 이것들을 용도에 따라 구분하여 다르게 사용한다. 먼저 내가 여러 교육 영상과 공모전 영상을 촬영하면서 사용했던 카메라들을 하나씩 소개할까 한다. 다만 내가 실제로 사용해 본 경험을 중심으로 설명하기 위해 특정 제품을 언급하는 데 대해 양해를 구한다. 또 쓰임에 따라 더 좋은 메이커의 제품도 있으므로 소개하는 제품은 참고만 하기 바란다.

영상 입문자용 스마트폰

입문하시는 분에게는 이만한 카메라 있을까? 스마트폰을 가지고 있다면 모두가 사진, 영상 제작자라고 할 수 있다. 스마트폰 카메라로 사진과 영상 촬영해 보지 않은 사람이 없듯이 자연스럽게 입문용 카메라가 될 수 있다. 영상 제작을 한다며 비싼 카메라를 덜컥 샀다가 장롱에 처박아 놓은 사람도 여럿 보았고, 카메라를 쓰더라도 고급 기능은 외면하고 단지 기본 기능으로만 사용하는 사람도 많다. 이럴 바에는 스마트폰을 전문가처럼 쓰면 어떨까?

요즘 스마트폰 카메라는 카메라의 기본 기능뿐 아니라 화이트밸런스White Balance, 카메라 촬영 시 반사된 빛의 색감을 중립적으로 잡아 색 균형을 조절하는 것, 영상 색감도 잘 처리하기 때문에 교육 영상에서 쓰이는 대부분의 장르에서 사용될 수 있다. 화질도 4K가로 해상도가 4킬로픽셀로 차세대 고화질 해상도를 지칭하는 용어나 8K 해상도까지 표현하니 일반 렌즈 교환식 카메라보다 좋거나 비슷한 성능을 가지고 있을 정도다. 내가 학생들과 함께 2019년 영상 공모전을 시작할 때 삼성의 갤럭시 노트 8 모델로 대부분을 촬영했다. 이 스마트폰 카메라로 촬영한 영상이 공모전에서 무려 10여 차례나 입상할 만큼 나에게는 특별한 존재다.

지금은 스마트폰 카메라로 광고 영상과 영화를 촬영하는 시대이기도 하다. 누구나 가지고 있는 흔한 스마트폰이라고 해서 스마트폰 카메라를 무시하면 안 된다. 비싼 풀 프레임 카메라와는 당연히 화각, 해상도, 화질 등에서 차이가 있지만, 대부분 장르에서 충분히 사용할 만한 기능이 많기 때문에 입문용 카메라로 적극 추천할 만하다. 노출, 화이트밸런스, 구도, 앵글 등을 스마트폰 카메라로 충분히 익히고 점차 안목이 쌓인 후에 개인 취향에 맞는 카메라를 구입하면 된다.

Tip_ 스마트폰을 DSLR 카메라처럼!

스마트폰 카메라를 수동으로 촬영할 수 있도록 해주는 앱이 있다. 구글플레이의 '수동카메라: DSLR 케메라 전문'과 '애플스토어의 filmic pro-수동 비디오 카메라 어플'은 스마트폰 카메라를 마치 DSLR 카메라처럼 노출과 화이트밸런스를 제어하고, 수동으로 초점, ISO, 셔터 속도 등도 조절할 수 있어서 전문가용 카메라의 기능을 활용해 촬영하도록 해준다. 우선 스마트폰으로 카메라 기능을 배우고 싶다면 유료버전을 구매하여 카메라 사용 능력을 점차 키워 나가면 좋겠다.

풀 프레임 카메라, 소니 알파 A7C

영상 작품, 공모전, 일상 기록 등을 남길 때 주로 사용하는 카메라다. 내가 보유한 카메라 중에서 영상 화질이 가장 좋기 때문에 가능하면 이 카메라를 주력으로 사용하려고 한다. 구매할 당시에는 190만 원 내외의 가격이 형성되어 있던 카메라다. 카메라 가격을 잘 알지 못했다면 놀라 자빠질 만한 금액이다. 이 금액은 렌즈를 제외하고 카메라 본체만의 가격이다. 카메라의 온전한 기능을 사용하려면 렌즈를 따로 사야 한다. 풀 프레임용^{안에 내장된 이미지 센서가 큰} 렌즈는 꽤 비싼 편인데, 소니 제품이 유난히 비싸다. 특히 돈을 더 모아서 다양한 렌즈를 사기 위해 렌즈 하나로 버틸 요량으로 좀 무리를 해서 구입한 렌즈의 가격만도 무려 145만 원이었다. 렌즈와 본체의 가격만도 300만 원이 훌쩍 넘는 가격이다.

교사 월급이 얼마나 된다고 이런 걸 샀을지 의아해하는 분도 있을 것이다. 풀 프레임 카메라를 구입하는 것이 평소 소원이었는데, 이 카메라 하나를 사기 위해 2년 동안 모은 용돈과 아내가 모르는 비자금-이 책의 출간과 함께 밝혀지게 될-을 쏟아부었다. 용돈을 아껴가며 모았던 일을 떠올리자니 눈물이 나올 지경이다. 아마도 카메라의 종착지는 풀 프레임이라고 생각해서 상대적으로 저렴한 크롭 바디 카메라^{Crop Body Camera. 풀 프레임보다 이미지 센서가 작아서 사진이 좁게 나오는} 카메라를 구매하기보다 처음부터 과감하게 풀 프레임 카메라를 구입한 사람도 있을 것이다.

고가의 장비를 사게 되면 돈을 들인 만큼 후회하지 않기 위해 다짐을 하게 되는데, 나는 '공모전에 최대한 많이 참가하자'라는 목표를 세

왔다. 다행히도 카메라를 구매한 후 관심 있는 공모전에 참여하여 종종 수상까지 할 수 있어서 그나마 마음이 행복하다. 이 카메라 장점은 자동초점Auto Focus 기능이 매우 탁월하다는 것이다. 초점을 맞추기 위해 반 셔터를 누르면 저절로 대상을 인식해 초점을 맞춰 준다. 심지어 인물은 눈에 초점을 자동으로 맞춰 주고 역동적인 상황에서도 초점 인식이 정확하다.

1998년 대학 시절 사진동아리 선배와 스터디를 할 때 항상 초점이 맞지 않은 작품을 가져왔다며 혼난 기억이 많았다. 당시는 직접 렌즈의 경통을 움직여서 초점을 맞추던 시절이었다. 그때와 비교하면 상전벽해라 할 수 있겠다. 또 풀 프레임 카메라는 빛과 색 정보를 담는 이미지 센서가 크기 때문에 사진이나 영상 결과물이 선명하고 색감이 좋다. 다른 풀 프레임 카메라보다 가볍게 출시된 제품으로 야외에서 소지하기에도 편의성을 갖추고 있다.

단점이라면 입문자가 사기에는 꽤 비싼 가격이 걸림돌이다. 번들 렌즈기본 렌즈가 포함된 카메라는 220만 원2021년 9월 기준 내외다. 또 렌즈 교환식 카메라로 화각에 따라 추가 렌즈를 구매해야 하는데, 렌즈 가격만 100~200만 원을 넘는 경우도 많다.

카메라는 중고 거래가 매우 활성화된 분야다. 가격이 부담된다면 카메라를 중고 거래로 사는 것도 좋은 방법이다. 영상 작업을 하는 사람들이 사용하는 카메라의 종착역은 결국 풀 프레임 카메라이기 때문에 풀 프레임 카메라가 아닌 다른 여러 카메라를 사느라 지출을 많이 하는 것보다 한 번에 좋은 풀 프레임 카메라 구입을 선호하고 추천하는 사람들도 많다. 나는 지출을 많이 하면서 다양한 카메라를 구입해 본 쪽이고, 나의 종결도 이 풀 프레임 카메라에 멈추게 되었다. 사고 나서 아직 후회는 없다. 아직 모든 메뉴와 기능을 다 사용해 보지도 못했을 정도로 내게는 아직 수준이 높은 카메라다.

크롭 바디 카메라, 소니 알파 A6400

소니 알파 A7C 카메라를 사용하기 전까지 주력으로 썼던 크롭 바디 카메라다. 2019년에서 2021년 5월까지 학생들과 다양한 작업을 함께 한 보물 같은 카메라다. 여러 차례의 공모전 수상 소식도 함께 맞이했던 카메라다. 이제는 주력이 아닌 보조 카메라로 격하되었지만, 야외 촬영 시 휴대하기 편해서 자주 함께하기도 한다. 이미지센서가 풀 프레임 카메라보다 작긴 하지만, 카메라 가격은 바디만 90만 원대에 형성되어 있다. 현재는 내가 2019년에 샀을 때보다 가격이 다소 높다. 대개는 출시일이 오래될수록 가격이 떨어지는데, 입문자에게 좋은 카메라라는 여전히 명성이 자자하기에 여전히 높은 가격을 유지하거나 오히려 상승하는 경우도 있다.

소니에서 출시된 카메라는 자동 초점 기능이 우수한데, 이 카메라도 그렇다. 내가 렌즈 교환식 카메라에 입문할 때 이 카메라로 시작했다. 이미지센서의 차이만 있을 뿐, 입문자가 사용하기에는 풀 프레임 카메라와 비교해 화질, 선명도, 색감 등에서 큰 차이가 느껴지지 않는다. 가격 차이가 큰 것에 비해 성능까지 큰 차이가 있는 것은 아니다. 다시 말해 크롭 바디 카메라의 장점은 편리한 휴대성과 풀 프레임 카메라보다 저렴한 가격에 있다.

렌즈도 마찬가지로 광각렌즈와 표준렌즈 총 2개를 사는 데 80만 원 내외로 지출해야 했다. 만약 풀 프레임 카메라의 렌즈를 광각과 표준

렌즈 2가지로 구입하려고 한다면 크롭 바디 렌즈보다 두세 배는 더 비쌀 것이다. 하지만 가성비가 좋아서 나름 화질도 좋고 색감을 조정할 수 있는 소니의 로그 촬영 기술S-Log을 설정할 수 있어서 광고나 영화 같은 색감으로 감각적인 영상을 제작하는 데에도 유용하다.

　단점으로는 4K 해상도의 촬영은 괜찮지만, FHDFull HD, 1080p 화질에서는 다소 실망스럽다는 후기들도 보인다. 나는 4K 해상도로만 촬영해서 아직 불편한 점은 느끼지는 못했다. 또한 카메라가 급격히 움직이거나 흔들릴 때 화면이 뭉개지고 찌그러지는 현상이 있다. 보통 급격하게 흔들면서 촬영하기보다 고정하여 사용하기 때문에 이 또한 큰 불편이라고 할 순 없다. 전문적인 영상 촬영물을 제작하고자 시작하는 사람들에게 이 카메라를 한 번쯤 고려해 보라고 추천할 만하다. 아직도 많은 영상 입문자들에게 사랑 받는 이 카메라에 대해서는 유튜브 채널에서 자세한 소개를 볼 수 있을 것이다.

'2020 서울랜선여행 영상공모전'에서 장려상을 받은 「[360VR] 나만 아는 대학로, 힐링 추천코스 feat. 마로니에공원, 성곽둘레길, 이화동 벽화마을, 졸탄쇼」

사방이 바다로 둘러싸인 섬에서 생활하면서 생생한 자연환경을 카메라에 담아내는 것은 나에게 큰 즐거움이다. 아름다운 자연환경에서 아이들과 함께 운동장에서 뛰어놀고 교실에서 함께 공부하고 활동하는 모습을 카메라에 담아내는 것도 즐겁다. 이런 나에게 고프로 맥스 360도 카메라는 매우 획기적이었다. 고프로 맥스 카메라가 출시될 때 나는 주저 없이 구매했다. 평상시에는 자전거에 달고 다니면서 수평 조절이 가능한 액션캠이 되었고, 카메라 주변을 모두 담아내고자 할 때는 마치 내가 신이라도 된 듯 카메라를 들고 찍는 그 순간만큼은 사방이 그대로 내 것이 된다. 어디를 가든 이 카메라를 항상 휴대하고 온 사방을 촬영했다.

아직도 기억에 남는 360도 영상을 촬영한 순간이 있다. 지리산 종주 여행, 서울 대학로, 서울 성곽여행, 순천 낙안읍성 여행, 졸업을 앞둔 제자들과 마지막 급식을 함께 먹었던 영상 등이다. 가끔 촬영 당시의 추억을 생생히 떠올리고 싶으면 최근에 구입한 '오큘러스 퀘스트 2'라

모든 학생이 어디에 있든 360도 카메라에 다 담을 수 있다. 편집 프로그램을 사용해서 360도 영상으로 만들 수 있고, 리프레임(reframe) 작업으로 원하는 화각을 선택해 일반 해상도의 영상(FHD)으로도 만들 수 있다.

는 VR 기기를 쓰고 그 당시 소중한 순간을 감상하기도 한다.

이 카메라에는 앞뒤로 두 개의 렌즈가 있다. 이 두 렌즈로 전후좌우 360도를 촬영하기 때문에 어떠한 순간에도 영상 촬영이 가능하다. 또 수평 조절 기능이 뛰어나서 따로 짐벌이 필요 없을 정도다. 액션캠의 대명사인 고프로답게 활동적인 상황에서도 촬영할 수 있다. 나는 체육 시간에 이 카메라를 삼각대에 올려 놓고 촬영을 했다. 또 액세서리를 이용해 목이나 가슴에 착용하고 활동을 기록하기도 했다. 이 경우 다양한 여건에서 촬영할 수 있으므로 촬영하기 힘든 순간이나 움직임에도 촬영을 이어나갈 수 있다. 학생들도 이 카메라를 이용한 촬영을 좋아할 만큼 쉬운 조작법, 거칠게 들고 다녀도 무난한 결과물이 나오는 이점이 있다.

단점이라면 360도 사방을 담아내기 때문에 용량이 어마어마하다. 촬영본을 컴퓨터에서 작업하려고 파일을 변환하면 단 몇 분 내외의 영상이 메가바이트^{Megabyte}가 아닌 기가바이트^{Gigabyte} 단위가 된다^{2분 내}^{외의 360도 촬영 원본의 파일 용량이 1GB 정도이며, 원본 파일을 편집하기 위해 파일을 변환하면} ^{10GB가 될 정도로 어마어마하다}. 무엇보다 360도 영상을 편집하기 위해서는 영

Tip_360도 촬영 장비를 구입하려면

360도 촬영이 가능한 카메라를 구입하고자 한다면 '고프로 맥스' 이외에 '인스타 360 ONE X2' 제품도 고려하면 좋다. 두 제품이 많이 알려져 있으며, 외형, 지원하는 앱, 영상 색감, 편집 편의성 등을 비교하는 유튜브 콘텐츠를 보면서 장단점을 확인하고 결정하면 좋겠다.

상 편집용 컴퓨터도 필요하다. 일반 사무용 컴퓨터로 한다면 편집 시 컴퓨터가 버벅거리고 심지어 멈추는 경우도 많다. 파일 변환 및 최종 영상을 출력할 때 몇십 분이나 1시간 넘게 걸리기도 한다.

또한 액션캠이기 때문에 이미지 센서가 작고, 그로 인해 렌즈 교환 식 카메라보다 화질이나 이미지와 색감이 다소 아쉽다. 특히 어두운 환경에서의 화질은 좋지 않다. 360도 영상을 최고 화질로 출력해도 사 방으로 넓은 화면을 표현하기 때문에 생각보다 화질이 선명하지 않고 해상도가 아쉽다.

활용도가 가장 높은 오즈모 포켓 2

오즈모 포켓 2는 고프로 맥스를 이용하면서 불편했던 점을 보완하 고자 구입했다. 이 카메라도 막 출시할 때를 기다려 산 제품이다. 포켓 이라는 이름이 들어갔듯이 가방이나 주머니에 항시 소지하다가 촬영

쉬는 시간 촬영 | 가볍고 휴대가 편한 오즈모 포켓 2는 자연스러운 일상 촬영이 가 능하다.

이 필요한 상황에 꺼내서 촬영하면 된다는 콘셉트를 추구하는 카메라다. 형태로는 짐벌gimbal 카메라의 모습을 담고 있으며, 들고 다니며 찍어도 짐벌 기능으로 인해 흔들림 없는 안정된 결과물을 선사한다.

체육, 실과, 음악 시간 등에 간단한 촬영과 기록용으로 고른다면 단연 이 카메라다. 풀HD 화질부터 4K 60p 영상까지 촬영할 수 있어서 다양한 목적으로 쓸 수 있다. 언제 어디서든 소지하고 있다가 필요할 때 촬영이 가능하므로 브이로그 형식으로 촬영하려는 목적이라면 활용도가 가장 높은 카메라다.

단점으로는 카메라 외형이 작은 짐벌 위에 카메라가 놓인 형태라서 만약 떨어뜨리거나 충격이 가해지면 짐벌 모터 부분이 쉽게 손상된다. 한 번 카메라를 땅에 떨어뜨린 적이 있는데, 이후 수평을 잡지 못하고 심하게 흔들리는 현상이 나타났다. 결국 서비스 센터에 수리를 맡겨야 했다. 학생들이 이 카메라를 사용할 때는 촬영 시 부주의하게 사용하지 않도록 꼭 알려주어야 한다. 또 고프로 액션캠처럼 이미지 센서가 작아서 어두운 실내의 경우 노이즈noise가 발생하거나 화질이 선명하지 않을 수 있다. 결론적으로 가벼우면서 언제든 촬영이 가능한 편의성 때문에 이 단점을 충분히 보완할 수 있고, 빛이 확보된 실내나 야외에서는 작은 이미지센서에 비해 훌륭한 영상 결과물을 선사한다.

역동적인 장면을 잘 담아내는 고프로 9 black

현재 근무하는 학교에서 학급별로 활동 영상을 촬영할 수 있도록 이 카메라를 지원해 주어서 알차게 사용하고 있다. 앞서 설명한 고프로 맥스와 비슷한 기능을 가졌지만, 사용 목적에서 다소 차이가 있다.

고프로 맥스는 360도 영상 촬영이 가능하지만, 일반 영상을 촬영할 때 최대 해상도가 풀HD¹⁹²⁰ˣ¹⁰⁸⁰다. 반면 고프로 9는 360도 영상을 찍지는 못하지만 5K 30p까지 높은 해상도를 지원한다. 4K 60p, 2.7K 120p 등 다양한 화질과 영상 프레임 속도를 설정할 수 있다. 굳이 360도 영상을 찍지 않는다면 역동적인 상황에서는 이 카메라가 주로 사용된다.

7월에 물놀이 체험을 학교 운동장에서 실시했다. 학생 안전 지도를 하면서 학생들이 물놀이 하는 장면을 카메라로 담았는데, 결과물이 매우 만족스러웠다. 방수 기능이 있어서 활용도가 높았고, 학생들을 가까이에서, 물속에서, 그리고 슬로 모션 장면까지 담아내기에 적합한 카메라다. 슬라이드를 타고 내려오는 학생을 슬로 모션으로 편집했더니 큰 상을 받은 광고 영상처럼 매우 멋있게 표현되었다. 학급 밴드에 올렸더니 학생과 학부모 모두 감탄할 정도였다. 이미 언급한 오즈모 포켓 2보다 튼튼한 외형으로 학생들이 촬영하기에도 큰 부담이나 위험이 없다. 그래서 평소에도 학생들이 자주 빌려서 사용하고 있다.

사용하면서 느낀 아쉬웠던 점이라면 고프로 맥스처럼 이미지 센서가 작아서 주로 낮에 야외에서 효과를 발휘한다는 점이다. 게다가 카메라가 제공하는 화각이 다소 왜곡되어 보이는 단점도 있지만, 전체적으로 볼 때 장점이 더 많다. 교실 놀이, 강당 놀이, 체육 수업 활동을 영상으로 촬영하는 선생님들에게 액션캠의 대명사인 고프로 카메라가 최적의 선택이 아닐까 한다. 최근에 '고프로 10 블랙' 모델이 출시되었고, 기존 제품보다 향상된 성능을 보여 주고 있다.

내가 근무하는 지역에서는 학교마다 한 대 정도의 드론을 보유하고 있다. 이 지역에는 유독 섬에 위치한 학교가 많은데, 학교와 학교 주변을 드론으로 하늘에서 담아내면 그 자체로 관광 광고처럼 아름답고 멋진 영상이 된다. 드론으로 촬영된 영상은 주로 학교나 섬마을과 관련된 이야기로 시작하는 영상을 제작할 때 사용한다. 수상작에 이름을 올렸던 '그린스마트 미래학교 「가상설계 및 콘텐츠」 공모전' 영상, '완도국제해조류박람회 유튜브 영상 공모전' 영상에서 썼던 방식이다. 즉 영상 시작부터 드론으로 찍은 영상을 보여 주면 시청자들은 헤어나올 수 없는 영상의 흡입력에 빠져들게 된다.

보통 드론으로 유명한 모델은 DJI사에서 출시한 제품군을 많이 쓴다. 앞서 소개한 오즈모 포켓 2 제품을 만든 회사다. 하늘에서 전경을 찍어야 하므로 4K 해상도를 지원하는 드론을 추천한다. 그래야 멋진 전경을 선명한 영상으로 남길 수 있다. 우리 학교에 있는 패럿 아나피 드론도 4K 영상을 지원하고 있고, 가벼운 무게로 가지고 다니기에도

'2022 완도국제해조류박람회 유튜브 영상 공모전'에서 장려상을 받은 「해조류 향기가 가득한 완도」 | 5월, 다시마철 금일도의 아름다운 광경을 드론으로 담았다.

편리하다. 오히려 가벼운 무게로 인해 살짝 바람이 불면 흔들릴 때가 있어서 조금 불안하기도 하다.

영상 결과물에서도 대부분 만족하지만, 간혹 색감이 내가 추구하는 느낌과 달라서 편집할 때 후보정을 거치고 있다. 경치 좋은 곳에서 드론 촬영을 위해 먼 여정을 마다하지 않고 왔건만, 드론을 사용하다 보면 배터리 용량 때문에 촬영이 빨리 마무리되곤 한다. 이런 아쉬운 상황을 예방하기 위해서는 여유 배터리를 미리 갖추고 충분한 촬영 시간을 확보하는 것이 좋다.

Tip_ 드론이 처음이라면

드론을 처음 사용한다면 충분히 사용법을 숙지하고 촬영에 임하길 권한다. 학부모가 학교 앞바다에서 비싼 드론으로 촬영하다가 사용 미숙으로 바다에 빠진 사례가 있었고, 여러 대의 학교 교육용 드론도 학생들이 날리다가 수장되는 사고를 전해 듣기도 했다. 성능이 좋은 드론일수록 속도가 빠르고 눈에 안 보이는 구간까지 멀리 날아가기 때문에 초보자는 드론이 어디 있는지 감을 잊어 버리기 쉽다. 처음에는 주변에 장애물이 없는 평지에서부터 가까운 곳까지 꾸준히 연습하고 자동 복귀 기능 같은 안전 기능도 숙지하면서 배워나가야 한다. 만약 사용 미숙으로 추락에 대한 불안함이 있다면 보험에 가입하는 방법도 있다. 추락이나 충돌 등 부주의로 인한 기기 파손에도 약간의 자부담만으로 수리할 수 있다.

13. 안정적인 영상은 삼각대에서 나온다

삼각대 사용이 만드는 영상의 차이

굳이 왜 삼각대를 들고 다녀야 할까? 촬영 장비도 무거운데 부피 큰 삼각대까지 챙기려니 매우 귀찮게 느껴지기도 한다. 내가 사진과 영상 촬영을 배우기 시작할 때 관광 명소에서 나 자신을 찍는 경우가 아니라면 삼각대가 필요 없다는 잘못된 생각을 갖고 있었다. 그러나 이제는 어딜 가든 나와 일심동체의 필수 아이템이다.

공모전이나 SNS 채널에 올려진 영상들을 보면 어떤 작품들은 매우 산만하거나 다소 현기증이 나게 하는 경우가 있다. 반면에 어떤 영상은 안정적이고 정적이며, 주제가 확실히 드러나는 느낌을 받는다. 두 느낌의 차이는 다른 요인도 있겠지만, 삼각대 사용 여부에 따라 확연한 차이가 발생하기도 한다. 조금 과장해서 말하면 삼각대를 사용하지 않고 찍은 영상을 시청하는 경우 끝까지 보지 못하고 중간에 꺼 버릴 때도 있다. 그래서 공모전에 작품을 출품하거나 의뢰 받은 영상을 촬영할 때에는 반드시 삼각대에 카메라를 올리고 있다. 카메라를 구입하려고 한다면 반드시 삼각대를 함께 구매해서 일심동체처럼 들고 다니기를 추천한다.

안정적으로 영상을 촬영하는 것 외에 삼각대를 구입하는 또 다른 이유는 카메라를 보호하는 기능도 있기 때문이다. 나는 최근에 영상용 삼각대를 샀는데, 영상 촬영에 특화된 삼각대로 큰 무게의 영상용 카메라도 안정감 있게 받칠 수 있다.

최근까지 가볍게 휴대하도록 만든 여행용 삼각대를 사용했었다. 다리 부분이 약해서 삼각대가 기울어지면서 쓰러졌는데, 렌즈까지 100만 원이 훌쩍 넘는 소니 알파 A6400 카메라가 바닥에 내동댕이치게 되었다. 다행히 기능상 문제는 없었지만, 스마트폰을 변기에 빠뜨려 당황했을 때 만큼이나 큰 충격이었다. 그래서 삼각대의 지지 하중과 용도에 따라 잘 알아보고 구매해야 한다. 여행용 삼각대는 이름처럼 여행 갈 때 사용하도록 작고 가볍지만, 다리 부분이 얇아서 중심을 잃을 수도 있다는 사실을 유의해야 한다.

영상용 비디오 삼각대

영상 동아리를 운영하거나 영상 위주의 작품을 제작하는 선생님들에게는 영상용 삼각대를 추천한다. 영상용 삼각대도 제품별 종류가 다양하다. 입문용으로는 10만 원 후반대에서 20만 원대의 가성비 제품을 추천한다. 보다 전문적으로 찍고자 할 때는 가격을 고려해서 후기가 많고 커뮤니티에서 자주 언급되는 삼각대를 사는 것이 좋다. 내가 사용하는 시루이 SH25라는 제품은 20만 원 후반에서 30만 원 초반대로 가격이 형성된 제품이다. 지지 하중도 10킬로그램까지 거뜬하고, 300만 원이 넘는 카메라를 올려놓아도 불안하지 않을 정도로 굳건히 지탱해 주는 삼각대다.

예전에 교실 한쪽 구석에 일반 삼각대 위에 카메라만 올려놓고 연구대회를 위한 수업 영상 촬영을 한 적이 있었다. 중요한 연구수업 영상 촬영임에도 카메라가 쓰러지면 안 된다는 생각 때문에 수업에 집중하기 어려웠다. 이후 시루이 SH25 제품을 사고 난 후에는 그런 걱정이 사라졌다. 무엇보다 자연스럽게 카메라를 좌우 상하로 움직일 수 있게 하는 헤드가 마음에 든다. 이 삼각대가 너무 크다는 생각이 든다면 시루이 SH15 제품도 추천한다.

입문용 삼각대

시중에 파는 삼각대 종류가 많아 어떤 것을 딱히 추천하기는 어렵다. 제품 재질, 크기와 무게, 사용 목적, 가격에 따라 정말 많은 삼각대가 존재한다. 현재 내가 저렴하게 구입해서 만족하며 사용하고 있는

스마트폰 삼각대를 활용하여 안정되게 촬영하는 모습

제품을 소개하겠다. 유튜브에서 이 제품을 사용하고 있는 감독의 리뷰 영상을 보고 구매한 제품인데, 5~6만 원대의 삼각대임에도 대부분의 여건에서 촬영할 수 있다.

아유디 QZSD-Q999 제품으로 가볍고 안정감이 있으며, 헤드 부분을 미세하게 움직일 수 있어서 자연스러운 시선을 담을 수 있도록 카메라를 움직일 수 있다. 추가 연장봉을 구입한다면 수직 샷도 가능하다. 책상 위에서 작품을 만드는 영상이나 직접 노트에 판서하는 영상을 제작할 때 매우 유용하다. 이외에 다양한 삼각대를 비교해 보고 싶다면 인터넷 구매 사이트, SNS 채널유튜브 등에서 후기가 좋은 제품을 눈여겨보면 좋을 것이다.

스마트폰 거치대

간단하게 스마트폰을 거치한 후 책상이나 바닥 위에서 구도를 잡아 찍으려고 한다면 2~3만 원 대의 스마트폰 거치대를 구매하면 된다. 스마트폰 카메라는 24mm 광각 화각을 가지고 있다. 교과서나 노트 판서, 미술 작품 시연, 과학 실험 등 교육 영상을 촬영할 때 매우 유용하다. 이처럼 굳이 영상미가 요구되지 않는 상황에서 무거운 카메라로 찍을 필요 없이 가볍고 작은 스마트폰은 거치대만 있으면 다양한 구도와 넓은 화각으로 안정되게 촬영할 수 있는 장점이 있다. 비싼 편도 아니어서 공중 샷이 가능한 거치대이면서 스마트폰 삼각대 대용으로 쓸 수 있는 제품으로 구입한다면 활용도 면에서 적절하다.

14. 영상 편집을 위한 컴퓨터는 어떻게 장만할까?

영상의 질을 좌우하는 마이크

2014년도에 학생들과 첫 영화를 만들 때다. 초임 교사로 열정이 넘쳐흘렀던 시기에 거의 한 달 동안 쏟아부었던 영화였다. 그렇게 영화를 완성했지만, 작업하면서 가장 어려웠던 부분 중 하나가 녹음이었다. 어렵게 찍었던 여러 장면에서 학생들의 대화가 잘 들리지 않아 쓸 수 없는 경우가 많았다. 소리를 담기 위해 카메라를 인물 쪽으로 가까이 가져가니 사건의 흐름을 담는 인물 뒷배경이나 아름다운 섬마을 배경을 살리지 못해 많이 아쉬웠다. 그때 녹음과 오디오가 영상에서 얼마나 중요한 요소인지 깨닫게 되었다.

우리가 영상을 볼 때 영상 제작자의 의도를 대화나 내레이션에서 찾는 경우가 대부분이다. 영상에 대화나 내레이션이 정확하게 들리지 않으면 시청자는 온갖 신경을 곤두세우고 들으려 한다. 그러다 지치고 피곤이 몰려올 것이다. 영상이 지나치게 흔들리는 경우처럼 제작자가 의도하는 대화나 내레이션이 불명확하게 들리는 경우에도 시청자가 영상을 끝까지 보기 어렵다.

영상 제작을 염두에 두고 장비를 하나씩 사 모을 때 가장 먼저 구입한 장비도 녹음 장비였다. 적은 비용으로 영상의 질을 획기적으로 향상시키는 방법이 마이크였기 때문이다. 요즘은 누구나 스마트폰 카메라를 이용해서 의도하는 영상을 대부분 찍을 수 있었다. 하지만 교육용 영상을 제작하는 경우에는 전달하려는 음성이 많기 때문에 마이크를 제1순위로 두고 구입하기를 권장한다.

또 먹먹하거나 현장음까지 수음되는 녹음을 듣다가 녹음 장비를 사용해서 깔끔하게 정리된 느낌과 선명한 발음이 담긴 결과물을 들으면 귀신이 홀린 듯 귀에 자음과 모음이 또렷하게 꽂히는 음성을 듣게 된다. 평소 나의 목소리가 좋은 편은 아닌데, 내레이션한 영상을 보고 주변에서는 너무 좋다고 놀라워한다. 이것을 소위 장비발이라 할 수 있겠다.

마이크 유무에 따라 영상의 질은 많은 차이를 만든다. 아프리카에서 현지 학생들을 가르치면서 필요한 영상을 만들거나 아프리카 현지 생활을 소개하는 영상을 만들 때 스마트폰을 이용해 녹음하고 영상을 만들었다. 녹음 음질은 당연히 좋지 못했고, 당시 만들어진 상당수 영상이 자연스럽게 비공개 영상이 되고 말았다. 지금 보면 부끄러워서 닭살을 돋게 하기 때문이다.

그래서 한국으로 복귀했을 때 가장 먼저 산 것이 마이크였다. 중고거래 사이트에서 20만 원대 USB 연결 마이크RODE NT-USB 콘덴서 마이크를 13만 원에 구매했다. 마이크를 구입한 후로는 학생이나 내가 전달하려는 의도를 정확히 표현할 수 있어서 매우 만족했다. 편집할 때 계속 녹음된 내 목소리를 들어야 하는데, 듣기에 불편하지 않아서 긴 편집 시간에도 참을 만했다. 또 영상의 질도 자연스럽게 좋아졌다.

현재는 학생들과 노래하는 영상을 담기 위해 유명 유튜버 가수가 썼다는 콘덴서 마이크^{MXL 2006 콘덴서 마이크}를 구입해서 쓰고 있다. 이 마이크를 사용하려면 아날로그 신호를 디지털 신호로 변환해 주는 오디오 인터페이스라는 장비도 필요하다. 나는 시중에 가성비 제품으로 유명한 포커스라이트 스칼렛 제품을 구매해서 사용하고 있다. 이처럼 좋은 마이크와 장비를 갖출 수 있다면 듣기 좋은 내레이션이 포함된 영상을 제작하는 데 큰 도움이 될 것이다.

영상 편집에 적합한 컴퓨터 사양

편집을 자주 하다 보면 편집하기 수월한 컴퓨터를 구입하고자 하는 시기가 온다. 특히 편집할 때 컴퓨터가 숨을 헐떡거리는 것처럼 버벅거려서 도저히 작업할 수 없는 지경에 이르기도 하고, 작업하다가 저장도 안 했는데 알 수 없는 오류로 편집 프로그램이 멈추는, 절대로 상상하기 싫은 경우도 발생한다. 이럴 때면 컴퓨터를 구매하고 싶은 열망이 심각하게 솟구치게 된다. 이때가 지금까지 보유한 비자금을 모아 눈 질끈 감고 '지름신'을 사용할 때다. 즐겁게 영상 편집을 하기 위해서는 반드시 거쳐야 하는 과정이다.

컴퓨터를 구매할 때 나는 어도비 프리미어 프로의 권장 사양에 맞춰 사는 편이다. 컴퓨터를 사용할 때 많은 시간을 영상 편집 프로그램에 사용하기 때문에 자연스럽게 이를 고려해 컴퓨터를 맞추게 된다. 돈이 넉넉하다면 당연히 그래픽카드도 좋고, 램 용량도 많고, 코어 수가 많은 컴퓨터를 구입하겠지만, 각자 형편에 맞춰 구입할 수밖에 없다.

	최소 사양	권장 사양
프로세서	Intel® 6세대 이상 CPU 또는 AMD RyzenTM 1000 시리즈 이상 CPU	Intel® 7세대 이상 CPU 또는 AMD RyzenTM 3000 시리즈 이상 CPU
운영체제	Microsoft Windows 10(64비트) 버전 1909 이상	Microsoft Windows 10(64비트) 버전 1909 이상
RAM	8GB RAM	16GB RAM(HD 미디어용) 32GB(4K 미디어용)
GPU	2GB GPU VRAM	4GB GPU VRAM

프리미어 프로 사용을 위한 컴퓨터의 최소 사양 및 권 사양

여러 부품을 스스로 조립하여 나만의 영상 편집 컴퓨터를 사겠다면 다나와danawa.com 누리집을 추천한다. 직접 부품을 선택할 수 있고 견적도 예상할 수 있어 매우 편리하다. 그런데 컴퓨터를 5년에 한 번 살까 말까 하는 나처럼 자주 구매하지 않는다면 조립 PC를 직접 맞추기는 어렵다. 다행히 샵다나와shop.danawa.com 누리집에서 가격대별, 사무용, 3D 게임용, 방송용 등으로 카테고리를 분류해 완성품을 추천해 주기 때문에 컴퓨터에 대해 모르는 사람이라도 쉽게 가격과 제품 사양을 비교하면서 구매할 수 있다.

주변에 컴퓨터를 잘 아는 사람이 있다면 도움을 받는 것도 좋다. 안타깝게도 나는 그런 지인이 없어서 SNS 채널의 도움을 받았다. 유튜브 채널에서 내가 구독하고 있는 '편집녀youtube.com/c/편집하는여자'라는 영상 편집 유튜버가 조립 PC를 제작하는 영상을 시청하고는 고민 없이 영상에서 제작한 컴퓨터 그대로 맞췄다. '편집녀' 영상에서 제품끼리 호환이 안 맞는 문제가 있었지만, 그럼에도 나는 주저하지 않고 그대로 제작했다. 인플루언서가 사용하는 물건 소개 영상은 뭐든지 사고 싶게 만든다는 사실을 그때 알게 되었다. 벌써 산 지 2년이 흘렀지만, 아직도 쌩쌩하게 잘 돌아가고 있다.

요즘에는 애플 제품인 맥북, 맥북에어, 아이맥, 맥미니 등에도 관심이 있다. 많은 감독들이 사용하고 있는 파이널 컷 프로Final Cut Pro 편집 프로그램을 사용해 보고 싶고, 음악에 특화된 프로그램인 로직 프로Logic Pro도 쓰고 싶은 마음이 크기 때문이다. 애플 제품의 유저들은 제품 간 호환성이 좋고 편의성도 뛰어나다고 말한다. 현직 교직원일 경우, 애플 제품과 프로그램 구매 시 교육 할인 혜택이 조금 있으니 구입 시 고려할 필요가 있겠다.

Tip_ 영상 편집자들은 컴퓨터를 어떻게 맞출까?

영상 편집자들에게 시간이 곧 돈이다. 편집 시간을 절약하기 위해 원활한 환경에서 작업해야 하기 때문에 가장 중요한 부품을 다음과 같은 조건으로 구성한다.

    CPU: 16코어 32 스레드 이상
    Ram: 64기가 이상
    그래픽카드: RTX3070 8GB

3D 작업이 아닌 영상 편집을 즐기는 사람으로서 영상 편집 프로그램인 프리미어 프로, 애프터 이펙트를 사용한다면 8코어 16 스레드, 램은 32기가, 그래픽카드 GTX 1650, 1660 정도면 충분히 원활한 영상 작업을 할 수 있다.

15. 영상 제작을 위한 장비들

내가 교사이고 학생들을 대상으로 한 촬영이 많다 보니 대부분 실내에서 촬영하게 된다. 자연스러운 채광을 이용해서 찍는 경우가 대부분이지만, 흐린 날, 늦은 오후, 학교 복도, 실내 세면대 등 햇빛이 적게 들어오는 곳에서 촬영할 때에는 조명이 필요하다. 교실 밖 따스한 햇볕이 창문을 통해 실내를 비추지만, 그 햇살이 학생 얼굴에 그림자를 지게 할 때 조명이 있으면 자연스럽게 학생 얼굴을 제작 의도에 따라 감정선이 실린 채 영상에 담을 수 있게 한다.

어두운 실내에서 찍게 되면 조리개가 광량을 받기 위해 조리갯값이 낮아진다. 즉 조리갯값이 작아지면 렌즈 조리개 구멍이 커진다. 조리갯값이 낮아지면 심도도 낮아지기 때문에 초점이 맞는 범위가 좁아지고, 의도하는 대상 범위까지 제대로 초점이 맞춰지지 않은 경우가 많다. 또한 빛의 양을 늘리기 위해 ISO^{국제표준화기구}에서 정한 필름 또는 디지털카메라의 감도가 커져서 노이즈가 많은 영상이 되기도 한다. 이런 이유로 실내에서 빛을 제어할 수 있는 조명이 있으면 매우 유용하게 쓰인다. 일단 빛이 많으면 셔터스피드와 조리갯값을 변경하며 촬영할 수 있는 설정 범위가 넓어져서 제작자의 의도에 맞는 영상을 담을 수 있다.

나는 얼굴이 나오는 인터뷰 형식의 촬영이 많은 편이다. 카메라를 보고 말하는 사람을 단순히 촬영하는 것이라 밋밋한 느낌이 난다. 이때 조명으로 인물 앞주 조명, 보조 조명과 뒤백라이트에 조명을 놓아두면 사람이 입체적 공간에 있는 것처럼 보이게 한다. 다행히 요즘 학교들은 학습을 위해 광량이 좋은 전등을 쓰고 있다. 물론 촬영이 익숙해지면 빛을 찾아 구도를 정하거나 자연스러운 채광을 잘 이용하는 단계에 이르게 된다. 만약 다른 장비와 구매를 고민한다면 조명은 후순위로 미뤄도 괜찮지만, 할 수 있다면 구입하기를 권장한다.

우리 학교에서 쓰고 있는 제품은 룩스패드 LED 제품이다. 부피가 크지 않기 때문에 학교에서 관리가 쉽고 학생들이 들고 이동하기에도 가벼워서 아주 유용하게 쓰는 제품이다. 색온도와 광량도 조정할 수 있고 추가로 배터리를 구입하면 콘센트가 없는 야외에서도 사용

실내에서의 조명 활용. 어두운 실내에서 조명은 필수다.

할 수 있다.

영상을 담아내는 일이 많아지다 보면 셔터스피드와 조리갯값을 조절해서 찍어야 우리 눈이 보기에 자연스러운 영상을 제작할 수 있다는 것을 깨닫게 된다. 예를 들어, 실제로 팔을 쭉 뻗어서 손가락을 편 손을 좌우로 흔들면 우리 눈은 잔상이 남는 흐릿한 손을 보게 된다. 이를 '모션 블러motion blur'라고 한다. 그런데 셔터스피드가 빠른 경우 좌우로 흔드는 손에 잔상이 남지 않고 손이 뚜렷이 보이게 되는 부자연스러운 영상이 담긴다.

또 햇빛이 쨍한 야외에서 카메라에 들어오는 광량을 줄이기 위해 조리개가 좁아지고 조리갯값은 높아진다. 그러면 심도가 깊어져 뒤에 있는 배경까지 선명하게 된다. 이런 경우 영상 속 거리감이 사라지고 압축된 느낌이 드는데, 결국 입체감이 사라지게 되는 것이다. 또 의도하려는 대상 이외에 뒤에 있는 대상까지 나와서 시청자가 주제 파악도 힘들고 화면이 전체적으로 지저분해지게 된다.

우리 학교에는 한 달에 두 번 문화 예술 선생님이 오셔서 학생들에게 예술 재능을 일깨워 주고 있다. 예술 선생님이 내가 우리 반 학생들을 촬영하는 모습을 보고 "설정된 영상 프레임 수에 2배로 셔터스피드를 맞추세요."라고 조언해 주었다. 무슨 말일까? 빛의 양이 많으면 셔터스피드도 매우 짧게 변하게 된다. 사진이라면 영향이 거의 없겠지만, 여러 프레임들이 모여서 만들어지는 영상에서는 우리 눈이 보기에 자연스럽지 않게 된다. 예를 들어 샤워기에서 나오는 물을 눈앞에서 본다면 눈은 물이 흐리게 잔상을 남기면서 연결되듯이 본다. 그런데 셔터스피드가 빠르다면 샤워기에서 나온 물이 잔상 없이 물방울 덩어리들로 선명하게 보이는데, 어색한 영상이 되는 것이다.

즉 문화 예술 선생님은 보다 자연스럽게 촬영할 수 있도록 조언을 해 준 것이다. 카메라에 설정된 영상 프레임의 2배 정도에 셔터스피드를 맞춘다라는 의미는 영상 프레임을 24fps으로 설정되어 있다면 2배인 1/50에 맞춰서 촬영하고, 30fps에 맞춰 찍는다면 1/60에 셔터스피드를 놓고 찍으라는 것이다. 여기서 'fps'는 초당 프레임 수frame per second로, 필름의 프레임화면이 바뀌는 속도를 초 단위로 나타내는 단위다. 60fps라면 1/120에 셔터스피드를 맞추면 되겠다. 그러면 우리 눈에 자연스러운 영상 결과물을 얻게 된다.

그런데 빛의 양이 많은 야외에서 셔터스피드를 1/50이나 1/60으로 맞추는 것은 매우 힘들다. 아무리 조리개를 쪼여도 노출이 맞지 않게 된다. 마치 눈이 부신 야외에 나갈 때 사람들이 선글라스를 착용하듯이 카메라도 야외 촬영할 때는 광량을 조절하는 필터를 사용한다. 그

가변 ND 필터는 카메라에 들어오는 빛의 양을 조절해 준다.

러면 빛의 양을 조절해서 조리개와 셔터스피드를 사용자의 의도에 따라 조정할 수 있다.

나는 가변 ND 필터를 야외 촬영 때 항상 사용한다. 가변 ND 필터는 필터 수치를 바꿀 수 있다. 필터 수치를 바꿀 수 없는 ND 필터를 사용하면 광량에 따라 일일이 교환해 주거나 필터 수치에 따라 여러 필터를 가지 다녀야 하는 불편함이 있다. 이 필터는 좌우로 돌리면 필터 색이 진한 검정색이 되었다가 투명한 색으로 변해서 빛의 양에 따라 적절하게 조절할 수 있다. 이외에 렌즈 보호 기능으로 사용할 수 있어 안성맞춤이니 카메라와 렌즈를 구입할 때 렌즈 구경에 맞는 가변 ND 필터를 구매하는 것도 추천한다.

수평 유지를 도와주는 짐벌

짐벌은 어떠한 상황에서도 수평을 유지하며 촬영하도록 해 준다. 학생들의 교육 활동 모습을 찍다 보면 돌아다니면서 영상을 촬영해야 한다. 안정적으로 촬영할 때는 삼각대에 올려서 찍는 것이 바람직하지만, 수업 시간에 삼각대를 일일이 들거나 조절하기 어렵다. 이때 짐벌이 있으면 돌아다니면서 찍어도 매우 보기 좋고 자연스러운 영상을 담을 수 있다. 처음에는 스마트폰에 거치해서 사용하는 10만 원 내외의 짐벌을 사용했다. '해양안전 콘텐츠 공모전'에서 여객선에 안전하게 승선하는 모습과 여객선 안에서 이동하면서 선박 이용 시 유의사항을 촬영할 때도 이 짐벌로 촬영했다. 촬영 당시는 비가 오고 파고가 높은 날이었는데도 영상 결과물이 좋았고, 공모전에서 최우수상을 수상하기도 했다.

요즘에는 초소형 카메라에 짐벌 기능이 결합된 제품도 쉽게 찾아볼 수 있다. 앞서 소개한 DJI 오즈모 포켓 2라는 카메라는 초소형이지만 짐벌 기능이 있어서 교실에서나 체육 시간 등 필요할 때 다양한 상황에서 촬영하고 있다. 평상시 주머니에 넣고 다니다가 촬영이 필요한 순간 곧바로 꺼내서 사용한다. 그 외에 수평 조절 기능이 포함된 액션캠도 짐벌과 비슷한 효과를 낸다. 고프로 맥스나 고프로 9의 경우 액세서리와 결합하면 어떠한 조건에서도 흔들림 없는 영상을 촬영할 수 있다.

미러리스 카메라mirrorless camera에 쓰이는 짐벌도 있다. 뮤직비디오와 단편영화처럼 미러리스 카메라의 좋은 화질과 색감을 표현하면서도 역동적인 장면을 촬영할 때 카메라 짐벌은 안성맞춤이다. 단편영화를 제작할 때나 등장인물이 이동하는 장면을 촬영할 때도 짐벌은 그 능력을 발휘한다. 아쉬운 점은 미러리스 카메라의 크기에 맞는 다양한 짐벌이 있지만, 카메라를 안정적으로 지지할 수 있게 하려면 대부분 외형이 크고 무게가 많이 나간다는 특징이 있다. 장비 결합도 필요하고 휴대가 불편하므로 수업 장면에서 활용해 촬영하기는 힘들다. 특히 학생들이 촬영할 때는 많은 주의가 필요하고 무게가 있어서 다루기가 힘들다. 그럼에도 좋은 카메라로 학생들이 출연하는 멋진 뮤직비디오와 단편영화를 제작해 보고 싶은 욕심에 항상 풀 프레임 카메라 전용 짐벌은 내 위시리스트에 항상 올려져 있다.

크로마키 스크린과 스탠드

교육 영상을 제작할 때 내가 자주 사용하는 효과가 있는데, 바로 '크로마키chroma key 촬영 기법'이다. 프리미어 프로에서는 '울트라 키ultra key' 효과를 적용하는 기법이다. 제한된 학교 공간 안에서 다양한 장소와 시대를 넘나들 수 있도록 촬영을 할 때 꼭 필요한 기법이다. 직접 가기 어려운 우주, 세계 여러 나라, 심해, 각종 유명 박물관이나 관광지를 설명할 때 관련 이미지와 영상을 배경으로 설명한다면 시청자들이 더욱 몰입하면서 이해하는 데 도움이 된다.

크로마키 스크린chromakey screen과 스탠드도 크기에 따라 가격이 다양하다. 나는 천과 스탠드를 포함해서 10만 원 내외와 20만 원 내외 두 제품을 사용해 보았다. 여러분에게 권해 드리는 제품은 먼저 스크린 가로 길이가 보통 3미터 이상인 제품을 추천한다. 스크린 가로 길이가 넉넉하지 않으면 학생 2명이 그 안에서 간단하게 움직여도 신체 일부가 스크린을 벗어나는 경우가 있다. 공모전 출품 작품 중에 간단한 율동이 필요한 장면을 스크린 천을 배경으로 카메라에 담았는데, 확인해 보니 학생의 팔이 스크린을 벗어나 이상한 모습으로 담긴 것이다. 만약 영상미가 요구되는 단편영화를 제작할 때 이런 장면이 많다면 영상 분위기에 반감을 줄 것이다.

두 번째는 천의 무게다. 싼 가격의 제품일수록 천이 매우 얇다. 심지어 스크린 뒤가 밝으면 빛이 비치는 경우도 있다. 이때는 어두운 벽을 등지고 설치해야 할 것이다. 천이 얇으면 간단한 움직임에도 살랑살랑 움직이기도 하고, 구겨진 주름이 잘 생기기도 한다. 얇은 천의 좋은 점은 휴대와 보관이 편하고 스탠드에 설치할 때도 가벼워서 어려움이 없다는 것이다. 반대로 천이 무거운 제품은 주름이 잘 안 생기고 간단한 율동에도 집게를 이용해 고정을 잘한다면 흔들림 없이 촬영할 수 있다. 단점이라면 무거워서 설치할 때 불편하고 좀 더 튼튼한 스탠드가 필요하다는 것이다. 보관할 때의 부피도 매우 커진다. 이런 점 때문에 두 종류를 사서 용도에 따라 사용하고 있다.

유의할 점은 신체 전체를 스크린에 적용하기 위해 스크린의 세로 길이가 3~6미터인 제품을 사용히야 한다. 또 스크린 천을 밟고 촬영하면 다소 미끄러울 수 있다. 한 학생이 걷는 장면을 촬영 중에 꽈당 넘어지고 말았다. 다행히 다치지는 않았지만, 가슴을 쓸어내려야 했다. 다행히 의도하지 않게 촬영된 그 장면을 흐름상 딱 맞는 장면에 삽입해서 공모전에 제출했는데, 수상을 받기까지 했다.

또 크로마키 효과가 스크린 천 색깔을 뚫리게 만드는 작업이므로 영상에 나오는 학생의 옷이나 사물이 녹색과 연두색 계열이라면 절대 안 된다. 녹색 천에 비친 학생의 안경렌즈도 적용될 수 있기에 조심해야 한다. 그래서 항상 스크린 색을 염두에 두고 촬영해야 한다. 또 실내 촬영으로 진행되기 때문에 가능한 조명을 이용해야 한다. 그림자가 생기지 않으면서도 학생들이 신체 모든 곳에 고르게 조명을 비춰 주어야

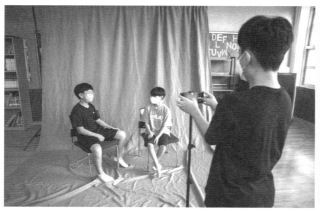

크로마키 스크린 사용 장면 | 사회 6학년 2학기 "이웃 나라 일본에 대해 알아보기" 교육과정과 관련하여 일본에 관한 인터뷰를 진행하는 장면으로 배경은 일본으로 할 예정이다.

한다. 조명을 사용하지 않거나 고르게 비추지 않으면 편집할 때 명암 차이로 인해 크로마키 효과가 제대로 적용되지 않기 때문이다.

3부 실전 영상 촬영과 편집

교육 영상을 제작할 때 이 정도는 알아야 하는 지식이 있다. 보통 수업 시간에 이론을 배우고 실습하는 과정처럼 말이다. 학생들에게 영상 제작을 지도할 때도 선생님이 어느 정도 알아야 제대로 된 가르침을 전해 줄 수 있다. 이번 장에서는 실제 영상 제작에 필요한 지식과 실제 과정을 둘러보고자 한다.

사진동아리

제자들은 카메라 렌즈를 통해 우리 주변의 일상을 담는 것이 재밌다고 합니다

우리 학교의 학생들은 동아리 시간에 사진과 영상에 관한 이론을 배우고 주변의 일상을 담아내고 있다.

16. 촬영 전에 꼭 알아야 할 영상 용어

4K와 풀HD

　일상 속에서 '4K'라는 용어를 자주 듣는다. "4K로 촬영했어"라는 말을 들으면 '화질이 좋겠네'라고 생각하게 된다. 즉 좋은 화질과 선명한 이미지나 영상을 떠올리게 한다. 4K를 들어봤다면 FHD, HD도 들어봤을 것이다. 이를 해상도라고 하는데, 가로와 세로 화소 수에 따라 나타낸 규격이라고 보면 된다. 기본적으로 풀HD^{FHD} 규격을 많이 사용하는데, 16:9 비율로 가로 1,920p, 세로 1,080p를 지닌 해상도다. 유튜브에서 자주 영상을 시청한다면 세로 화소 수로 우리가 시청할 영상 화질을 설정한 적이 있을 것이다. 1080p는 풀HD이고, 4K는 3,840×2,160p 규격으로 2,160p가 4K 화질임을 알 수 있다.

　화소 수가 많을수록, 또 규격이 클수록 당연히 화질도 선명한다. SD^{Standard Definition}는 720×480p이고, HD^{High Definition}는 1,280×720p으로 당연히 SD보다 HD가 화질이 좋다. 영상 공모전에서는 최소 HD

이상의 화질을 요구하는데, 요즘은 FHD 규격을 가장 많이 사용하므로 나는 무난하게 풀HD 영상으로 출력해서 공모전이나 개인 채널에서 공유하고 있다. 영상 크기에 제한이 없고 영상미가 강조되는 공모전에 출품하는 경우 FHD에서 더 나아가 4K 화질로 영상을 출력해서 사용하고 있다. 4K는 FHD보다 화소 수가 4배나 많은데, 그만큼 화질이 선명하다.

나는 대부분 촬영 시 4K 영상으로 촬영하고 FHD로 편집 후 출력한다. 4K로 촬영하는 이유는 고해상도 원본을 편집할 때 화소 수가 많으니 이미지를 확대하거나 이동시킬 때 화질의 손상이 적고, 구도를 편집으로 바꿀 수 있는 장점이 있기 때문이다. 그러면 FHD로 촬영한 영상을 4K로 출력이 가능할까? 원본을 4배나 큰 도화지에 대고 있는 것과 같아서 큰 도화지에 맞춰 이미지를 확대해 출력할 순 있지만, 화질이 그만큼 나빠진다. 물론 4K로 촬영하면 그만큼 많은 데이터를 요구하기 때문에 파일 용량도 커진다. 내가 가진 외장하드 용량이 4TB인데, 촬영을 자주 하다 보면 몇 달이면 다 채울 만큼 영상 파일의 용량 압박도 커진다.

4K 영상은 영상 편집용 컴퓨터가 있어야 대체로 수월하게 작업할 수 있다. 내가 사용하는 컴퓨터도 2년 전에 좋은 사양으로 맞춘 컴퓨터이지만 4K 영상 소스로 긴 분량의 영상을 제작하려고 작업하면 컴퓨터가 버벅대면서 힘들어한다. 꼭 프록시proxy를 만들어 영상을 제작할 만큼 쉬운 과정은 아니다. 프록시는 무거운 원본 영상을 편집할 때 용량이 적고 가벼운 대체 영상 파일을 만들어 편집과정에서 수월하게 작업하도록 도와준다. 출력할 때는 대체 영상과 원본 파일이 연계되어 원본 영상으로 인코딩하여 출력된다.

애니메이션은 각각 그려진 그림들을 차례대로 빠르게 보여 주면서 실제로 살아 있는 듯한 생동감을 느끼게 해 준다. 동영상도 마찬가지다. 1초 안에도 한순간의 완전한 화상 여럿으로 이루어져 있어서 생동감 있는 영상이 된다. 여기서 여러 화상 중 하나를 프레임frame이라고 한다. 영상에서는 프레임레이트frame rate, frame per second, fps라는 말을 자주 사용한다. 자주 사용하는 프레임레이트는 24fps23.976fps, 30fps29.97fps, 60fps59.94fps이다. 1초에 프레임이 24장, 30장, 60장이 들어가는 영상이라고 보면 된다.

많은 프레임이 들어갈수록 동영상이 부드러운 실제 같은 느낌을 준다. 각 프레임레이트마다 쓰이는 장르가 다른데, 보통 영화, 드라마, 뮤직비디오 같은 예술적인 분야에서 많이 쓰이는 프레임레이트는 24fps이다. 복습해 보자면 이때 셔터스피드는 1/50으로 설정하는 것이 가장 좋다. 30fps는 가장 일반적인 프레임레이트로 일상 브이로그, 뉴스, 예능과 같은 장르에서 널리 쓰이고 있다. 특별한 효과가 들어가지 않는 일반적인 영상에 알맞다고 볼 수 있다. 60fps는 사실적인 생동감을 주는 장르, 스포츠, 게임 영상 등에 많이 쓰인다. 움직임이 많은 영상을 촬영할 때 적합하다.

높은 프레임레이트는 슬로 화면으로 편집할 때 쓰인다. 60fps를 30fps로 바꾸면 2배의 느린 화면 영상을 제작할 수 있다. 내가 가지고 있는 소니 알파 A7C 카메라와 고프로 카메라는 120fps까지 촬영할 수 있다. 그래서 순간 포착한 매우 짧은 장면을 제작 의도에 따라 자연스러운 슬로 영상으로 담아낼 수 있다.

학생들과 단편영화, 광고, 뮤직비디오, 영상 공모전 출품작을 촬영하고 편집한다면 24프레임레이트를 쓰면 된다. 체육 활동을 촬영하거나 생동감 있는 장면을 촬영할 때는 60프레임레이트로 설정하고 촬영하면 좋다. 나머지 학교에서의 일상은 30프레임레이트로 설정하고 촬영하면 큰 어려움이 없을 것이다.

노출과 초점 맞추기

대학교 때 사진반 활동을 하면서 선배들에게 눈물이 쏙 빠지게 혼나는 경우가 있었는데, 초점이 맞지 않은 결과물을 보여 줄 때였다. 1998년 신입생 때 선배의 니콘 FM2 필름 카메라를 마치 내 물건인 양 몇 달 동안 돌려 주지 않고 신나게 촬영했다. 그렇게 소중하게 찍은 사진을 당시 호랑이 선배와 함께 암실에서 현상과 인화를 했는데, 초점이 맞은 사진이 없어서 좁고 어두컴컴한 암실에서 혼났던 기억이 난다. 그보다도 몇 달 동안 어렵게 촬영한 사진이 그 모양이니 내 마음은 어땠을까? 가슴에 총을 맞은 것처럼 찢어질 듯 아팠다. 한동안 동아리 회장에게 불려가 「내셔널지오그래픽National Geographic」 잡지에 실린 사진을 함께 보면서 특별 과외를 받아야 했다.

20년이 지난 지금도 떠오르는 것은 달려가는 치타의 한순간을 담은 장면인데, 빠른 피사체임에도 정확히 치타의 눈에 초점이 맞은 사진이었다. 인물사진에는 눈에 초점을 맞추라고 들었던 기억이 사뭇 떠오른다. 노출도 마찬가지다. 지금은 카메라 기능이 쉽고 촬영을 하면 곧바로 결과물이 나와서 확인할 수 있지만, 당시에는 조리개와 셔터스피드, ISO빛에 대한 민감성 정도를 생각하면서 최적의 노출을 수동카메라로 배우는 과정은 고단했다. 오로지 많이 찍어 보고 오랜 시간이 걸리는 현상과 인화가 반복되는 과정이었기 때문이다. 적정 노출을 배우기 위해 필름 한 통을 그대로 쓰는 경우도 허다했다.

요즘 카메라는 자동 초점 기능AF, auto focus과 자동 노출 기능AE, automatic exposure 인식이 매우 뛰어나다. 반 셔터만 눌러도 대상 인물의 눈에 정확히 초점을 맞춰 누구라도 쉽게 선명한 사진을 찍을 수 있다. 디스플레이에 손가락으로 초점을 맞추고 싶은 대상을 클릭하면 초점이 그 대상에게 맞게 조정된다. 노출도 엄지손가락으로 조그 다이얼을

Tip_ 적정 노출 맞추기

라이트미터나 수치로 중앙이나 '0'을 가리킬 때 적정 노출에 가깝다(good starting point). 왼쪽이나 수치가 '−'에 가 있다면 노출값이 적어서 어두운 결과물을 얻는다 (under exposed). 반대로 오른쪽이나 수치가 '+'에 치우치거나 높아질수록 과도 노출로 너무 밝은 결과물을 얻는다(over exposed).

적정 노출로 맞추는 기본적인 방법은 셔터스피드, 조리갯값, ISO 조합으로 한다. 셔터스피드가 빠르면 그만큼 빛이 들어오는 양이 줄어들고(−) 느리면 빛이 카메라에 많이 들어온다(+). 조리개를 보다 크게 열거나(+) 작게 할 경우(−)도 카메라에 들어오는 빛의 양이 변한다. ISO, 즉 빛에 대한 민감성을 높일수록 입자가 약한 빛도 잘 인식하지만(+), 오히려 입자가 보여서 노이즈가 증가해 거친 느낌의 결과물을 얻는다. 빛의 양의 많고 적음을 잘 조합해서 전체적으로 '0'을 만들면 되는데, 세 가지에 특징이 있으니 의도에 맞게 무엇을 우선으로 할 것인지 생각하면서 노출을 맞추면 된다.

조리개: 초점을 맞춘 대상 제외하고 배경 흐림 효과와 밀접한 관계가 있다(아웃포커스).
셔터스피드: 움직이는 대상에 대한 잔상의 정도이다. 수치가 낮을수록 모션블러 발생할 수 있다.

ISO: 영상이나 이미지의 질을 결정한다. 높으면 입자가 보여서 거친 느낌이나 노이즈가 발생한다.

돌리면 원하는 대로 쉽게 제어할 수 있다. 이제는 어떤 사진 동아리에서도 초점과 노출 때문에 나처럼 혼나는 경우가 없을 것이다.

우리 학교에서는 사진을 가르쳐 주시는 문화 예술 선생님이 학생들에게 기본적인 사진 이론을 가르친 후 M^manual mode, 수동 모드로 촬영하는 방법을 알려 주고 있다. 2학기에는 대부분 학생들이 라이트 미터 light meter를 보면서 적정 노출을 맞추고 나보다 더 좋은 사진과 영상물을 촬영해 낸다. 이처럼 카메라 기능에 모두 맡기기보다 직접 의도를 가지고 수동으로 초점과 노출을 제어해서 배워 보는 것도 필요하다. 결과물을 직접 확인하면서 계속 찍고 연습하다 보면 좋은 결과물이 나올 때의 희열감은 이루 말할 수 없다. 유튜브에는 셀 수 없이 많은 노출과 초점 관련한 튜토리얼이 있으니 참고하길 바란다.

구도와 앵글

구도를 생각하며 촬영을 하면 편집할 때 매우 편리하다. 구도가 좋지 않더라도 편집으로 수정이 가능하지만 되도록 원본 그대로 쓰는 것이 좋으므로 미리 구상해 놓고 촬영하면 도움이 된다. 구도와 관련해서 가장 먼저 카메라에 설정해야 하는 것은 3분할선격자선이다. 나누어진 선에 맞추어 영상을 배치하는 안내선 정도로 생각하면 되지만, 촬영할 때 정말 중요한 기능이다. 나는 스마트폰을 포함해서 내가 가진 모든 카메라에 3분할선격자선 기능을 켜 놓고 사용 중이다.

대부분 영상 화면에는 제작자가 촬영하고자 하는 대상과 의도가 드러난다. 예를 들어 학급 사진을 찍는 모습을 영상으로 담고자 한다면 부각하려는 대상은 학생이다. 학생이 카메라 앞에서 웃는 모습을 의도하기 위한 것이므로 자연스럽게 담으면 좋을 것이다. 선끼리 만나는 교차점 중 오른쪽 상단에 학생의 얼굴을 놓고, 학생이 바라보는 곳에 충분한 공간을 주면루킹 룸. looking Room 제작자의 의도가 분명히 드러나게 된다. 즉 주제나 대상을 선에 알맞게 올려놓으면 의도하는 바를 시청자에게 쉽게 전달할 수 있다.

3분할선 예시 | 오른쪽 상단에 맞춰진 얼굴과 바라보는 쪽에 루킹 룸이 있다.

3분할선을 해수면 하단과 상단에 맞춰서 촬영한 영상이다.

인물은 보통 왼쪽이나 오른쪽 상단에 놓는다. 풍경을 촬영할 때는 수평으로 놓인 위나 아래 선에 맞추어 촬영한다. 이런 기준선 역할을 하는 3분할선은 매우 중요하다. 다만 스마트폰이나 카메라에 격자선이 없는 경우 왠지 심적으로 불안한 경우가 많다. 뭔가 삐뚤어지게 찍을 것만 같고, 격자선 없는 허전함이 우스갯소리로 강박을 불러오기도 하다. 가능하다면 이 격자선 기능을 이용해 보길 바란다.

구도에서 인물을 담을 때는 루킹 룸을 염두에 두어야 한다. 인물의 시선이 왼쪽에 있다면 인물을 오른쪽 세로 격자선에 놓아 두고 여백을 왼쪽에 놓으면 안정적인 느낌이 나게 된다. 반대로 오른쪽 시선의 인물을 오른쪽 격자에 놓으면 시선이 답답한 느낌을 들게 한다. 뭔가 답답한 상황을 연출할 때 쓰이는 예도 있지만, 대체로 루킹 룸을 여유 있게 해 주는 것이 좋다. 루킹 룸은 등장인물이 특정 방향을 바라보는 경우에 바라보는 방향으로 일정한 공간을 의미한다. 물체도 바라보는 방향이 있는데 마찬가지로 적용하는 것이 효과적이다. 활짝 핀 꽃이 살짝 왼쪽을 바라보고 있다면 꽃을 오른쪽 격자선에 두고 왼쪽을 여유가 있게 만들면 되겠다. 그렇다고 해서 이것이 무조건 정답은 아니다.

수학시간 문제풀기

너무 넓은 헤드 룸과 불필요한 부분은 배제해야 한다.

최근 MBN 채널에서 방영된 「돌싱글즈」 프로그램은 이혼의 아픔을 겪은 출연자들이 새로운 짝을 찾아 나서는 이야기다. 출연진 모두 처음에 밝고 야무진 모습으로 인터뷰하는 장면에서는 왼쪽이나 오른쪽 상단에 인물이 배치되고 충분한 루킹 룸이 있었지만, 과거에 잊고 싶은 이야기를 다룰 때는 반대로 루킹 룸이 아예 없이 벽을 보는 듯한 답답한 느낌을 주며 인터뷰하는 모습을 담아냈다. 제작자는 인물 심리와 배경, 분위기에 따라 정해진 구도가 아닌 다양한 구도를 적용한 것이다. 이처럼 정답이 없으니 많은 영상을 참고하는 수밖에 없다.

글씨와 자막을 고려한 프레임 구성하기

영상을 볼 때 주제와 관련 없는 것까지 담아내면 시청자가 제작자의 의도를 파악하기 혼란스럽다. 머리 윗부분^{head room}이 적당히 남아 있는지, 옆에 주제와 관련 없는 물건이 있다면 과감히 구도를 수정해야 한다. 예시로 가져온 사진은 일상적인 모습을 담은 브이로그 형식으로

우리가 바라보는 시선에 맞춘 카메라 앵글과 자막 구도의 예시 | 인터뷰는 눈높이나 살짝 아래에서 위로 찍는다. 자막과 타이틀이 들어갈 부분을 생각하면서 구도를 잡으면 좋다.

제작된 영상 속 캡처 화면이다. 수학 문제를 풀고 있는 학생을 대상으로 촬영을 하고 있는데, 우리 눈은 학생을 집중해서 보지 않는다. 왜냐하면 머리 위로 많은 공간이 보이고 학생 뒤로 보이는 출입문은 굳이 화면에 담지 않아도 되는 부분이기 때문이다. 헤드 룸과 출입문을 제거해서 구도를 수정한다면 시청자는 학생이 수학 문제 푸는 모습에 좀 더 집중할 수 있게 된다. 학교 교실에서 촬영이 이루어지면 다양한 물품이 배경에 같이 담기기 때문에 미리 촬영 전 구도를 확인해야 한다.

다양한 정보를 자막이나 글씨로 화면에 덧붙일 계획이라면 화면에 쓰일 글씨와 자막을 고려해서 구도를 잡는 것도 필요하다. 프리미어 프로의 경우 편집 화면에 카메라 격자선 기능과 비슷한 안내선이 있어서 쉽게 편집할 수 있다. 자료 화면처럼 인터뷰 형식에 정보를 글씨로 채우고 싶다면 등장인물을 한쪽으로 약간 치우치게 해서 정보가 들어갈 공간을 확보하면 된다.

로우 앵글, 하이 앵글, 더치 앵글

앵글은 단편영화를 제작할 때 유용하게 쓰인다. 학교 폭력에서 가해자와 피해자, 학교에서 교사와 학생 간 관계를 묘사할 때 앵글을 달리한다. 로우 앵글Low Angle은 카메라가 대상을 아래에서 위로 담아내는 기법이다. 시선이 위로 향하기 때문에 대상을 넓고 크게 보이도록 한다. 그래서 대상을 웅장하게, 위압감 있게, 강조하며 드러낼 때 자주 쓰인다. 학교에서 학교 폭력 가해자를 묘사할 때, 권위 있는 선생님이나 학생 간 서열을 나타낼 때 자주 쓰인다. 보통 영화에서 히어로물 영화나 포스터에도 자주 쓰이는 앵글이다. 학교 전경이나 건물을 담을 때 살짝 아래에서 위로 찍으면 좀 더 강하고 웅장한 느낌을 준다. 학교 교육 설명회에서 사용할 영상을 만들 때 학교 건물을 로우 앵글로 담은 영상을 초반 도입부에 활용하는 것도 적절하다. 한편, 슬픔을 강조하는 인물에게도 로우 앵글을 많이 활용한다.

하이 앵글High Angle은 높은 곳에서 낮은 곳을 향해 영상을 담아낸다. 대체로 드론으로 촬영된 영상은 하이 앵글이다. 풍경에서의 하이 앵글은 전반적인 분위기를 전달한다. 인물에게 하이 앵글을 쓰면 무력하거나 불안해하는 인물의 심리를 드러내 준다. 교육 현장에서는 '학교 폭력 예방 UCC 공모전'에 출품할 영상에서 자주 쓰이는 앵글이다. 학교 폭력의 피해를 입은 학생을 묘사할 때나 초조한 감정을 가진 연약한 대상을 분명하게 나타낼 때 쓰인다.

마지막으로 더치 앵글Dutch Angle은 카메라를 기울여 촬영한 샷으로 극도의 긴장감과 불안함을 표현할 때 사용된다. 뭉크Edvard Munch의 「절규The Scream」도 사선에서 바라보는 시선을 전해 주는데, 이 그림이 표현하고자 하는 공포나 불안을 더욱 강하게 드러낸다. 교사와 학생, 학생끼리 대치 중일 때 더치 앵글로 표현하면 더욱 긴장감 흐르는 영

Tip_ 앵글의 종류

하이 앵글: 대상을 높은 곳에서 아래로 향해 촬영하는 샷. 배경에 쓰일 때 전반적인 분위기 전달한다. 인물에게는 초초하고 연약한 느낌을 전해 준다.
로우 앵글: 대상을 낮은 곳에서 위를 올려다보며 촬영하는 샷. 전경과 대상에 대한 강하고 웅장한 느낌을 나타낸다.
더치앵글: 기울기가 기울어져서 촬영하는 샷. 긴장감과 불안함을 표현한다.

상을 담아낼 수 있다.

　각 앵글의 특징에 맞게 잘 활용하면 인물 사이에 권력 관계나 갈등 관계를 잘 드러나게 해 준다. 단편영화처럼 짧은 시간에 등장인물 간 관계를 드러나게 할 때 자주 사용한다. 학교 교실에서는 일상적인 학생들의 모습을 자연스럽게 촬영하는 경우가 많다. 특히 쉬는 시간이나 점심시간에 의자에 앉아 있는 학생들의 모습을 서서 촬영하게 되는데, 그 영상을 보면 하이 앵글 특유의 연약한 학생의 시선으로 바라보게 되고 내가 오히려 강압적으로 학생들을 바라보게 되기도 한다. 그래서 요즘 학생들의 활동 모습을 촬영할 때는 대부분 학생들의 시선에 맞춰서 촬영하고 있다.

17. 깨끗한 녹음으로 선명한 영상 만들기

녹음 상황에 따른 마이크 선택과 사용

　내가 보유하고 있는 녹음 장비로는 로데 NT-USB 마이크, MXL 2006 마이크, 포커스라이트 스칼렛 오디오 인터페이스, 보야Boya 지향성 마이크, 보야 핀마이크가 있다. 다양한 환경에서 쓰기 위해 여러 장비를 보유하게 되었는데, 어떤 상황에서 쓰고 있는지 살펴보자.

　교육 현장에서 영화나 드라마를 제작할 때 등장인물 간 대화 장면을 촬영하게 된다. 이때 반드시 마이크가 필요하다. 카메라에 내장되어 있는 마이크를 사용하면 음질도 먹먹하고 답답하게 들릴 뿐더러 영상 촬영본을 보면 무슨 말인지 잘 들리지도 않는다. 그래서 카메라가 향하는 곳에 음향을 수음하는 지향성 마이크가 필요하다. 나는 보야 제품2만 원 내외이나 로데 지향성 마이크7만 원 내외를 사용하고 있다. 제품 하나를 콕 집어 추천하기에는 시중에 너무나 많은 제품이 있다. 유명 쇼핑몰에서 후기가 좋고 구매 내역이 많은 제품, 유튜브에서 자주 언급되는 제품을 선택하면 무난할 것이다. 위에서 언급한 녹음 장비는 모두 직접 카메라에 연결해서 쓰기 때문에 따로 영상과 음향을 맞추는 싱크로나이즈synchronize 작업이 필요 없다.

내가 강의, 인터뷰, 책 소개 등 일반적인 촬영에서 많이 쓰는 마이크는 로데 NT-USB이다. 로데 사社에서 나온 마이크로, 특별히 오디오 인터페이스와 같은 전문 장비가 없어도 USB 연결이 되는 컴퓨터라면 어디든지 녹음할 수 있다. 음질도 부드럽고 '샤~한' 느낌이라 내 목소리에 스스로 반할 정도다. 어렵지 않게 사용할 수 있어서 편의성이 높고 음질도 매우 만족스럽다.

MXL 2006 마이크도 음질이 좋은 제품으로, 목소리만 녹음하는 경우와 노래를 녹음할 경우에 쓰고 있다. 다만 오디오 인터페이스가 필요하고 따로 마이크 선이 필요하다는 점이 다소 불편하지만, 이런 불편을 커버할 정도로 음질이 만족스럽다. 음악 시간에 학생들이 부른 노래를 녹음할 때도 사용하고 있어서 20만 원 미만 제품으로는 만족하면서 사용하고 있다.

NT-USB 마이크와 MXL 마이크는 컴퓨터와 녹음 편집 프로그램이 필요하다. 나는 어도비의 '오디션Audition' 프로그램으로 녹음을 하고 있다. 음질을 좋게 하는 고급 기능이 있고, 프리미어 프로와 연동이 잘되기 때문에 프리미어 프로 사용자라면 함께 사용해 보기를 권한다. 사용 튜토리얼은 유튜브의 영어 채널에 많으니 '어도비 오디션'을 검색하고 시청하면서 따라 하면 끝이다. 사용이 쉬운 무료 프로그램도 검색을 통해 쉽게 찾을 수 있다.

컴퓨터 연결이 어려운 야외에서 인터뷰나 소개 영상을 촬영할 때는 보야의 핀마이크를 사용한다. 내가 사용하는 마이크는 1만 원대의 가성비 제품으로 매우 만족하고 있다. 직접 카메라에 연결해서 사용해도 되고, 스마트폰에 연결에서 녹음 후 영상을 편집할 때 영상과 음성을 일치시키면 된다. 최근에는 20만 원대 무선마이크가 인기를 끌고 있다. 카메라에 연결하는 수신기와 녹음할 수 있는 마이크가 무선으로 연결되어 있어서 자유롭게 음성을 담으면서 촬영할 수 있다.

학교 현장에서 녹음한다면 학교 방송반에 구비되어 있는 마이크를 가지고 사용해 보다가 차츰 사람들에게 자주 사용되는 저렴한 마이크부터 구입해 활용해 보면 좋겠다. 30~40만 원대 이상의 마이크는 보관과 관리가 필요하므로 교사와 학생들이 함께 교실에서 사용하다가는 오히려 짐이 될 수 있다. 저렴한 제품부터 사용하다가 보관이나 관리가 익숙해지면 좀 더 상향의 마이크를 알아보고 여건이 될 때 구입하면 된다. 여유가 된다면 리플렉션 필터Reflexion Filter도 구비하면 좋다. 교실 같은 큰 공간에서도 소리의 울림이 있다. 더욱이 조그마한 방에서 녹음하면 소리가 크게 울려서 동굴 같은 곳에서 말을 하는 것처럼 들린다. 이때 소리를 잡아 주는 필터를 사용하면 어느 정도 깔끔한 음질을 얻을 수 있다. 팝 필터Pop Filter도 많이 사용하는데, '치읓' '피읖'

실제 녹음 장면 | Rode NT-USB 마이크와 팝 필터가 보인다. 마이크 뒤에 리플렉션 필터가 있어서 교실 공간에서 나는 소리 울림을 막아주는 역할을 한다.

같은 거센소리를 보완해 주는 역할을 한다.

녹음할 학생 섭외하기

학생들과 녹음을 할 때 대부분 교실에서 하고 있다. 섬마을 학교이다 보니 사람들이 자주 가지 않는 방송실은 매우 습해서 좋은 장비들을 그곳에 놓고 쓸 자신이 없다. 장소가 정해졌으니 녹음에 들어갈 목소리의 주인공을 찾아야 한다. 우리 학교에서 내가 가르치는 6학년 학생들은 매우 바쁘다. 13명의 학생이 대부분 전교학생회 임원, 도서부, 방송부, 또래 상담부, 1인 1역, 봉사활동 참여 그리고 방과 후에는 방과후학교 참석으로 나보다 더 바쁘다.

누구를 콕 집어서 부탁하면 강압적으로 시키는 것 같아서 내레이션 녹음이 필요할 때는 먼저 지원자를 모집한다. 6학년이 돼서 변성기가 온 친구들이 많다. 그래서 자신의 목소리에 극도로 혐오⁂한다며 고개를 절레절레 흔드는 학생이 대다수다. 그런데도 참 고맙게 항상 내레이션 녹음을 도와주는 학생은 꼭 있다. 걱정할 필요는 전혀 없다. 지원자를 모집하고 오디션을 보는 과정과 활동도 학생들에게 새로운 경험을 주고 있으니, 학생을 섭외할 때 이 방법을 적극적으로 추천한다.

대본 읽기와 녹음하기

교실은 다양한 소리가 존재하는 공간이다. 녹음이 많이 이루어지는 점심시간이면 대부분 교실은 5일장을 방불케 할 정도로 활기찬 공간이 된다. 내가 가진 마이크는 모든 소리를 수음하기 때문에 되도록 조용한 공간에서 녹음해야 한다. 잡음을 제거하는 기능도 사용하지만, 원본이 좋아야 온전한 목소리대로 편집할 수 있으므로 최대한 교실이 조용해질 수 있도록 학생들에게 당부하거나 영어실이나 과학실처럼 빈 교과 교실에서 녹음이 이루어지기도 한다.

녹음하기 전에 미리 녹음 대본을 완성해야 한다. 녹음 대본을 쓰고 속으로 읽어 보는 것으로 끝이 아니라 말로 읽어 보면서 자연스럽게 말을 하거나 그 말이 어색하지 않게 들려야 한다. 그리고 완성된 대본을 여러 차례로 끊어 읽을 부분, 호흡이 들어가야 할 부분, 강조해야 할 부분, 조심해야 할 부분을 표시하도록 한다. 학생들을 지도할 때도 자신에게 편안한 단어와 문장으로 대본을 작성하라고 한다. 간혹 설명해야 할 생소한 용어가 나오면 미리 자연스럽게 발음할 수 있도록 계속 읽어 보면서 연습하게 한다.

리플렉션 필터와 팝 필터를 마이크 후방과 전방에 감싸듯이 놓고 녹음 버튼을 누른 후 시범으로 말을 해 보고 파형이 움직이는지를 확인한다. 이를 확인하지 않고 열정을 다해서 오랫동안 녹음을 했다가 녹음 버튼을 안 눌러서 이 과정을 다시 해야 했던 불상사를 방지하기 위해서다. 녹음 문제가 없다면 연습한 대로 대본을 읽는다. 대본을 읽다가 틀리면 "다시!"라고 말한 후 2~3초 뒤에 틀린 부분이 있는 문장의 처음부터 읽도록 한다. 그렇게 녹음을 마치면 된다.

오디오 편집

녹음을 마치면 오디오 편집을 한다. 이때 가장 먼저 하는 작업은 볼륨을 올려 주는 것이다. 보통 녹음 후 소리가 작은데, 볼륨 값을 오디오미터 패널 기준 -6db 정도까지 올려 내레이션이 잘 들릴 수 있도록 전체 볼륨을 조정한다. 잘 들려야 편집하는 과정도 수월하게 할 수 있기 때문이다. 그다음으로는 문장과 문장 사이에 거슬리게 들리는 숨쉬는 소리도 없애 주고, 틀린 부분은 지우고 다시 이어준다. 그리고 나서 오디오 편집 프로그램에 따라서 다양한 기능을 사용해 음질을 좋게 만들고 출력한다. 출력된 음성 파일은 최종적으로 영상 편집 프로그램에서 다시 한 번 점검해 주어야 한다.

18. 촬영 현장에서 교사의 역할

영상 제작에 대해 무엇을 가르칠 것인가?

　지도교사로서 학생들과 함께 작품을 만들 때 어디까지 도와주어야 할까? 학교에서 교육 목적으로 단편영화, 뮤직비디오, 홍보 UCC를 제작하는 경우에는 큰 고민이 필요 없지만, 초등학생을 대상으로 치러지는 공모전에서는 신경 쓰이게 한다. 영상 제작은 기획, 촬영, 편집이라는 호흡이 상당히 긴 종합 과정이다. 대략 3가지를 적어 놓았지만, 이 가운데 쉬운 것은 하나도 없으며, 간과하기 어려운 것들이다. 온 힘을 기울여 사제동행 영상 동아리를 운영하면서 3~9월까지 이룬 성과는 학생들이 기획안 작성하기, 배역에 따라 연기하기, 대본을 만들어 녹음하기, 카메라로 의도한 대로 촬영하기를 스스로 잘 해냈다는 것이다.

　하지만 편집까지는 지도하지 못했다. 6학년 학생들 정도라면 간단한 편집 앱으로 제공된 템플릿에 영상을 놓고 글씨를 쓸 수 있긴 하지만, 템플릿 형식에 맞춰서 넣는 식의 편집이 내가 학생들에게 바라는 목표가 아니기에 어떻게 가르칠지 더욱 망설여진다. 교육과정 중 학급 특색으로 확보한 17차시^{次時}로 기획, 촬영, 편집에 대해 무엇부터 가르쳐야 할지 엄두가 나지 않는다. 어떻게 하면 교육 영상 제작 과정을 학생들에게 유의미한 활동이 되도록 할 수 있을까?

꾸준한 참여와 즐거운 제작

나는 학생들이 작품 활동에 참여하는 것만으로도 충분히 유의미한 활동이 된다고 본다. 지도교사가 하나에서 열까지 일일이 가르치기보다 작품에 직접 학생들이 참여해서 보고 배우도록 하는 게 오히려 얻는 부분이 더 많다. 학생들과 함께 공모전을 준비하면서 배운 과정들을 통해 직접 녹음을 하고, 배우가 되어 보고, 기획안을 짜는 데 의견을 내면서 하나하나 자연스럽게 몸으로 익히게 된다. 그렇게 작품을 꾸준히 만들다 보면 보고 배우는 것도 늘어난다. 그래서 작품 활동을 오래 하다 보면 학생들 스스로 기획을 짜고 촬영 준비와 연기도 거뜬히 해내게 된다.

특히 학생들이 어려워하는 영상 편집은 학생들의 의견을 반영해서 이루어지고 있다. 어려운 편집 프로그램은 다루지 못하더라도 학생들이 기획한 의도에 따라 교사는 최대한 맞춰 주면 된다. 그래야 온전히 학생들의 생각과 의도가 담긴 작품이 된다.

"이런 담배 흡연 장면은 나오지 않게 하고 연기를 CG로 넣어 주세요. 음악은 심각한 느낌으로 넣어 주세요. 혜린이가 나온 부분은 연기가 이상해서 빼 주세요."

이렇게 학생들의 의견을 반영하여 만든 영상이 이번 '제3회 청소년흡연예방문화제' 출품작이다. 나는 학생들의 의견에 따라 촬영과 편집을 도와주었고 그 외의 것은 학생들 스스로 생각해 내고 활동한 것이다. 이 작품은 현재 2차 대국민 심사 대상작으로 선정되었지만, 아쉽게 입상하지는 못했다. 그럼에도 성과가 있었던 점은 반 학생 모두 역할을 나누어 열심히, 그리고 아주 즐겁게 제작에 참여했다는 것이다. 그리고 영상 제작에 모두 꾸준한 관심을 보이는 것만으로도 큰 성공이다.

제작의 주도권을 천천히 넘겨라

학생들과 함께 영상 작품을 만들고 싶은 선생님들은 먼저 교사의 주도하에 작품을 만든다. 제작 과정을 통해 학생들은 온전하게 이루어지는 작품 제작 과정을 이해하게 된다. 이런 과정이 많아질수록 학생들의 머릿속에서 꿈틀거리는 이야기들을 영상으로 만들 수 있는 여건을 선생님들이 만들어 주면 된다. 내가 '청소년흡연예방문화제' 공모전

'제3회 청소년흡연예방문화제' 출품작 「생명과 흡연을 교환하지 말아주세요!」

작품을 준비할 때 학생들이 열띤 토의를 하며 만든 기획안을 처음 읽었을 때는 매우 터무니없다고 생각했다. 그런데 학생들의 의견과 의도에 따라 촬영하고 편집 후 나온 작품은 매우 놀라웠다.

이처럼 학생들만의 활동으로도 훌륭한 작품이 나올 수 있으므로 걱정할 것 없이 학생들에게 점점 작품 제작의 주도권을 넘기면 된다. 다만 영상 편집의 경우 학생들이 하면 좋겠지만, 그렇지 못한 경우 최대한 학생들이 제안한 의도에 따라 편집하는 것을 추천한다. 다만 계속 편집의 방향성을 학생들에게 물어봄으로써 학생들로 하여금 자신이 제작에 참여한 활동이었음을 느끼게 해 주면 대성공이다.

편집은 한두 시간 안에 끝낼 수 있는 과정이 아니다. 학생들에게 처음부터 편집을 주도적으로 요구하는 경우 영상 제작이 어렵다는 것을 느끼고 큰 담을 쌓을 수 있다. 게다가 많은 미디어에 노출된 학생들의 눈은 이미 상당히 높아진 영상 수준을 기억하고 있기에 자신이 만든 영상과 비교해서 형편없으면 영상 제작에 회의감을 느낄 수도 있다. 영상을 지도하는 교사로서 학생들 눈에 만족할 만한 작품에서 학생들의 참여가 늘어나도록 교사의 손길이 지속적으로 필요하다. 그렇게 만들어진 영상은 학생과 교사 모두에게 추억이 되고, 학생들은 자신이 상상한 세계가 영상을 통해 표현되는 과정을 작품으로 보며 평생 떠올리게 될 것이다.

19. 영상 편집 프로그램, 무엇을 쓸까?

영상 편집 프로그램, 쉬운 것부터 시작하라

영상 촬영이 마무리되면 이제 기나긴 영상 편집과 마주하게 된다. 많은 영상을 편집해 본 당사자로서 '소백산 청춘 기억 공모전' 영상을 제작할 때처럼 시간 가는 줄 모르고 즐겁게 작업한 경우도 있고, 'EBS 교육방송 연구대회' 출품 영상을 제작할 때는 빨리 끝내고 싶은데, 끝

'소백산 청춘 기억 공모전'에서 청춘상을 받은 「2016년 2월, 소백산 겨울 산행」. 소중했던 추억을 떠올리며 즐겁게 편집한 소백산 여행 영상이다.

이 보이지 않아 눈물을 머금는 적도 있다. 여러분에게는 영상 편집이 늘 즐거웠으면 하는 바람이다.

요즘 콘텐츠 크리에이터 열풍으로 유튜브에서 영상 편집 프로그램이 많이 소개되고 있다. 덩달아 서점에서도 영상 편집 프로그램의 사용법을 소개하는 책들이 많다. 그래서 영상 제작을 취미로 하는 내게도 주위 사람들이 어떤 영상 편집 프로그램을 사용하는지 종종 묻는다. 그럴 때마다 나는 프리미어 프로를 쓰지만, 자신에게 편하고 익숙한 프로그램을 쓰는 것이 가장 좋다고 조언한다. 사람마다 추구하는 영상의 장르가 다르고, 영상 스타일도 다르기 때문이다.

영상 전문가가 되려는 것이 아니라면 스마트폰으로 할 수 있는 간단한 영상 편집 앱으로 시작하는 것을 권한다. 무엇이든지 즐겁게 하면 재미와 함께 하나하나 배우는 열정이 싹트기 때문이다. 즐겁게 영상 제작을 하다 보면 기본 기능인 컷 편집에 익숙해지게 되고, 나중에는 프리미어 프로나 파이널 컷 프로 같은 고급 영상 프로그램을 배울 때 인터페이스를 쉽게 이해하거나 다루기가 편해진다.

잘 아는 선생님 가운데 한 분은 학생들과 함께 단편영화를 계속 만들고 있다. 유튜브 채널의 구독자도 제법 많은 유명한 교사다. 나는 당연히 영화를 많이 만드셨으니 전문적인 프로그램을 쓰겠구나라고 생각했다. 연수 때 들은 바로는 프리미어 프로나 파이널 컷 프로 같은 전문 프로그램이 아니라 학생들도 쉽게 다룰 수 있는 '키네마스터 KineMaster'라는 프로그램 쓴다고 해서 많이 놀랐던 적이 있다.

결론적으로 시중에 나와 있는 프로그램을 직접 써보거나 알아보면서 자신에게 적합한 프로그램을 선정하면 된다. 한동안 사용해 보고 프로그램에 없는 기능을 찾게 될 때 점점 더 고급 기능을 갖춘 프로그램을 선택하면 된다. 무엇을 선택할까 하는 고민으로 시간을 허비하지 말고 얼른 정하고 빨리 기능을 숙지하면서 배워 나가는 것이 지름길이다. 영상 편집 프로그램의 기본적인 인터페이스는 모두 비슷하기 때문이다.

영상을 자르고 붙이는 작업인 컷 편집은 기본이다. 여기에 영상, 자막, 음악, 애니메이션, 그래픽, 효과 등 대부분 편집 프로그램에서 비슷한 기능의 메뉴를 가지고 있다. 하나의 영상 편집 프로그램을 잘 다룰 줄 안다면 다른 프로그램을 배우는 데에는 크게 어려움이 없다. 가장 중요한 것은 영상 편집 과정을 즐겁게 하고 편집 결과물에 대해 애착을 가질 때 영상 제작가로서 가장 좋은 출발점이 될 것이다.

Tip_ 그래도 고르기 어렵다면?

후기가 많거나 사용 설명이 많은 프로그램을 선택한다. 검색창에 동영상 편집 프로그램을 입력하면 나도 처음 듣는 프로그램이 많다. 프로그램에 대해 궁금한 사항이 있거나 사용 설명이 필요한 경우 실제 사용했던 사람들로부터 유익한 정보를 얻는 경우가 많다. 사람들이 잘 사용하지 않는 프로그램을 고르면 사용하는 데 어려움이 있거나 새로운 기능을 배울 때 참고할 영상이 없어서 고생하게 된다. 예를 들어 내가 사용하고 있는 프리미어 프로의 경우 유튜브에서 검색하면 수많은 감독, 디자이너, 영상 편집 전문가들이 초급부터 고급까지 활용법을 소개한 콘텐츠가 매우 많다. 심지어 무료로 제공하는 템플릿, 자막, 플러그인을 개인 제작자나 영상 편집 제작 회사에서 지원해 주기도 한다. 또한 프로그램이 업데이트될 때도 어떤 기능이 바뀌었는지 많은 영상 제작자들이 상세한 설명으로 콘텐츠를 제작하여 공유한다. 그러므로 되도록 많은 사람들이 사용하는 프로그램을 선택하는 것이 가장 쉬운 길이다.

무료로 사용할 수 있는 모바일 앱이나 PC용 프로그램이 많다. 내가 가르치는 학생들도 모바일 영상 편집 앱인 캡컷Capcut을 매우 잘 다룰 뿐 아니라 영상 결과물도 제법 괜찮다. 이번에 교육청에서 마련된 교육 영상 제작 집합 연수 때 캡컷 프로그램을 배우는 과정이 있을 정도였다. 교육 현장에서 학생들과 함께 영상을 제작할 때 영상 제작의 기초를 다루기에 좋은 앱이다. 국어와 음악 시간에 진행된 캠페인 영상과 뮤직비디오 영상 만들기 활동에서 나와 학생들은 이 앱을 꽤 유익하게 사용했다.

그 밖에 무료 모바일 영상 편집 앱으로는 비타VITA, 블로VLLO가 있고, PC용 무료 편집 프로그램에는 곰믹스GOM Mix, 뱁믹스, 파워디렉터PowerDirector, 다빈치 리졸브DaVinci Resolve 등이 있다. 유튜브 채널에는 영상 편집 프로그램들을 가격, 수준, 편의성 등을 비교해서 제작한 영상과 각각에 대한 후기 및 사용법 영상들도 많으므로 살펴보고 선택할 수 있다. 단 같은 편집 프로그램임에도 무료와 유료 버전으로 제공되는 경우가 있다. 유료 버전은 편집 기능을 온전히 사용할 수 있는 반면, 무료 버전은 기능상 제한을 두고 있다. 처음에는 무료로 사용하다가 자신에게 맞는 프로그램이라고 생각되면 구매해서 유료 버전을 사용하는 것도 지혜로운 방법이다.

각자 사용자의 선호에 따라 유료 편집 프로그램을 쓰는 분도 있을 것이다. 앞에서도 언급했듯이 월급의 일정 부분을 자기계발에 투자한다면 고민 없이 구입할 수 있을 것이다. 그래도 부담스럽다면 학교 예산으로 구입하는 방법도 있을 것이다. 코로나19 상황에서 대부분의 학교들이 원격 수업을 경험해 보았고 아직도 원격 수업이 진행되는 지역이 있다. 이를 위해 노트북과 화상 강의 장비 등 기자재에 대한 지원이 많이 이루어졌고, 정보 예산이 학교마다 책정되어 있다. 대다수 학교는 교육청과 연계 맺고 있는 업체와 협약으로 컴퓨터 프로그램을 연 단위로 구매할 수 있다. 우리 학교도 10만 원 미만 가격으로 프리미어 프로를 연 단위로 계약을 맺고 이용하고 있다. 정보 업무를 맡은 선생님께 편집 프로그램 지원에 대한 자세한 문의를 해 보면 도움을 받을 수 있다.

개인이 영상 제작에 관심이 있다면 학생과 교사에게는 저렴하게 프로그램을 제공하기도 한다. 나도 영상 작업을 꾸준히 하고 있어서 연간 정액제로 어도비사의 제품군을 사용하고 있다. 학생과 교사는 어도비Adobe사가 개발한 포토샵Photoshop, 일러스트레이터Illustrator, 오디션, 프리미어 프로, 애프터 이펙트After Effect 외 모든 어도비 제품을 정가보다 60퍼센트 저렴한 월 2만 3천 원대에 이용할 수 있다. 이미지나 멀티미디어 자료를 만들 때 포토샵, 일러스트레이터, 라이트룸Lightroom 같은 프로그램도 자주 사용하기에 매우 합리적인 선택이다.

맥OS를 쓰는 애플 컴퓨터 기반에서는 교사와 학생에게 교육용 프로 앱 번들인 파이널 컷 프로Final Cut Pro를 비롯한 5개의 앱을 원래 정가의 67퍼센트 할인가인 249,000원에 평생 사용할 수 있도록 제공한다. 나는 음악 편집 프로그램인 큐베이스Cubase를 교육용으로 할인을 받았음에도 40만 원 후반에 구입했다. 5개의 앱 중에는 현직 음악가들이 많이 쓰는 로직 프로Logic Pro, 249,000원라는 음악 프로그램도 포함되어 있어 평생 쓸 수 있는 괜찮은 혜택이다.

20. 교육 영상 제작을 위한 오디오 편집

꼭 해야 할 오디오 편집

영상 제작 작품이 늘어날수록 처음에는 신경을 안 쓰다가 이제는 좀 더 개선하려고 노력하는 부분이 있다. 그것은 오디오 편집이다. 내가 추구하는 영상에서는 내레이션이 많은 부분을 차지한다. 그러다 보니 좋지 않은 잡음이나 소음에 예민한 편이다. 대부분 잡음과 소음은 녹음 환경에 대해 신경을 쓰면 된다. 예를 들어, 소리가 굴절될 수 있는 좁은 공간이나 벽이 있는 곳에서는 가능한 녹음을 하지 않는다. 그런 곳에서 녹음하게 되면 마치 동굴에서 말하는 것처럼 울리게 된다.

마이크 주변에는 되도록 팝 필터와 리플렉션 필터를 사용하기도 한다. 소음이 발생하는 물품컴퓨터 팬 소리, 에어컨 소리, 시계 소리 등도 통제하면서 녹음을 해도 결과물을 들어 보면 통제되지 못한 소리가 담겨 있다. 특히 내 신체에서 나는 소리특히 호흡 소리도 민망하게 담겨서 다소 실망스러울 때가 많다. 이럴 때 매우 큰 소리가 아닌 이상 오디오 편집을 하게 되는데, 웬만하면 좋은 음질의 목소리로 다듬기 위해서 무조건 오디오 편집을 거친다.

나는 어도비의 오디션이라는 프로그램으로 음성을 편집한다. 오디오 편집을 어떻게 하는지 모르는 분들이 많을 것이다. 내레이션과 배경 음악이 담긴 영상 편집 과정을 예로 들어 간략하게 설명하겠다. 굳이 오디션이 아니라 해도 시중의 적합한 오디오 편집기를 활용해 비슷한 과정을 거치면 좋을 것이다.

교육 영상이라고 우리 눈에 보이는 영상을 가장 중요하게 여길지도 모른다. 그러나 영상 못지 않게 영상에 담긴 소리, 그중에서 의미를 전달하는 목소리가 가장 중요하다. 영상에 큰 의미를 직접적으로 전달해주고 영상의 흐름을 지탱하기 때문이다. 좋지 않은 오디오는 영상 전체에 악영향을 끼친다. 영상에 온 힘을 다해 만들었지만, 오디오가 좋지 않아 시청자에게 의미 전달이 어렵다면 그만큼 아쉬운 경우도 없다. 실제로 유튜브를 시작하는 사람들에게 필요 장비로 영상과 오디오 장비를 동시에 권하기도 한다. 그러므로 영상도 중요하지만 음향에도 소홀하지 말고 신경을 쓴다면 보다 질 높은 영상 작업이 될 수 있다.

녹음 음성을 적정 볼륨으로 만들기

먼저 목소리를 녹음하고 편집을 시작할 때 오디오 게인gain 값을 올려서 적정 볼륨으로 맞춘다. 내레이션이 포함된 다른 작품들을 시청하다 보면 배경 음악보다 내레이션 소리가 작아서 잘 들리지 않아 영상의 질에 크게 영향을 주는 경우가 있다. 결국 내레이션은 시청자의 귀에 잘 들리도록 볼륨 조정이 반드시 필요하다.

호흡 소리 없애기

　내레이션을 녹음하다 보면 읽은 문장과 문장 사이에서 호흡하는 소리가 의외로 크게 들린다. 처음에 유튜브에 영상을 올리고 나서 얼마 지나지 않아 호흡 소리 때문에 거슬린다는 댓글을 본 적이 있다. 그래서 이 호흡 소리를 모두 묵음으로 처리해 준다. 문장 사이마다 일일이 파형을 평평하게 만드는 작업이다. 이 작업만 해도 내레이션을 들을 때 안정적으로 들리게 된다.

효과 적용하기

　오디션 프로그램에는 잡음을 제거하는 기능noise reduction이 있다. 잡음이 큰 경우 전체적인 음성을 먹먹하게 하기도 하지만, 잡음을 없애려고 할 때 쓴다. 고급 기능으로 이퀄라이저로 저음역, 중역대와 고음역대를 다듬어 주기도 하고, 컴프레서 기능으로 좀 더 편안한 목소리로 들리도록 해 준다. 심지어 '디리버브dereverb, 반향 제거' 기능도 있어서 울리는 음성까지 잡아준다. 여기까지 마무리가 되면 영상 편집 프로그램에서 쓸 수 있도록 출력한다.

배경 음악과 녹음 조합하기

　이제 영상 편집 프로그램에서 배경 음악과 내레이션의 음량을 적절하게 맞춰 본다. 배경 음악은 전체적인 영상의 분위기를 나타내는 데 중요한 역할을 한다. 그렇다고 영상의 주제와 의도가 담긴 내레이션이 배경 음악에 묻히면 안 된다. 무조건 내레이션이 명확하고 더 크게 들릴 수 있도록 해야 한다. 보통 오디오미터 패널 기준 -3~-6db 정도 내레이션 볼륨을 조정해 주고, 배경 음악은 오디오미터 패널 기준 -12~-18db로 맞추어 음량을 조절한다. 내레이션이 없는 영상이라면 배경 음악을 내레이션 만큼 올려서 조정한다. 내레이션을 사용하지만 내레이션이 없는 구간도 있는데, 이럴 때 없는 구간에는 배경 음악을 자연스럽게 키워 주고 다시 내레이션이 나오면 자연스럽게 낮춰 주면 된다.

리듬감 있는 컷 편집

배경 음악과 내레이션이 대체로 조화롭게 오디오 편집이 맞춰지면 배경 음악과 내레이션의 박자와 호흡에 맞춰서 영상 자료를 컷 편집한다. 음악에는 박비트이 있다. 배경 음악만 나온 부분에서는 박에 따라 화면 전환을 해야 자연스럽다. 박에 맞추어 화면을 이끌다 보면 박자에서 느껴지는 힘이 고스란히 영상 분위기와 시청자의 감정에 전달된다. 박에 맞지 않고 엇박자에 화면이 바뀌면 보기에 불편하고 매우 정신없는 것처럼 느껴진다. 내레이션과 배경 음악이 동시에 나오는 구간에서 되도록 내레이션이 끝나는 부분과 음악의 박을 맞추면 좋다.

하지만 힘들 경우 내레이션 구간이 더 중요하므로 대체로 배경 음악 박에 화면 전환이 이루어지기보다 내레이션이 끝나서 시작되는 지점에서 영상 전환이 이뤄지는 게 낫다. 다만 제작자의 의도에 따라 화면 전환이 이루어지므로 언급한 내용을 정답처럼 여기지는 말고 의도에 따라 사용하면 된다.

21. 배경 음악과 소리는 왜 중요할까?

영상 작품에서 배경 음악은 매우 중요한 역할을 차지한다. 나열된 영상 장면들에 의미 있는 이야기가 되도록 생명력과 분위기를 불어넣어 주는 것이 배경 음악이라고 느껴질 때가 많다. 내가 아는 감독은 의뢰 받은 작품을 만들기 위해 제작비의 반을 음악 제작에 신경을 쓸 정도라고 하니 영상 작품을 만들기 위해 염두에 둘 것이 많다는 점을 깨닫게 해 준다.

감정을 배가시키는 배경 음악

'여락이들_youtube.com/channel/UCgDIijNPh7yHQNv0YdL11fQ'이라는 유튜브 여행 채널에서 영상 제작 과정을 올려둔 콘텐츠를 본 적이 있다. 여럿이 함께 운영하는 채널인 만큼 영상 편집할 때 각자 맡은 역할을 소개하며, 작업하는 과정과 모습을 보여 준 영상이었다. 그중 인상 깊었던 역할은 배경 음악 담당이었다. 영상 편집을 하지 않는 날에는 꾸준히 배경 음악을 듣고 영상 분위기에 맞는 음악을 찾는다고 한다. 그래서 이 채널에서 본 영상들은 영상과 음악이 혼연일체가 된 듯한 느낌과 함께 등장인물들의 감정이 배가되어 전달되는 듯한 경험을 준다. 이곳 채널에 공유된 하나의 영상에는 보통 15개 정도의 음악이 들어간다고 한다. 까다롭게 선정된 배경 음악이 영상에서 어떤 효과를 나타내는지 이해하기 수월해질 것이다. 이 채널에서 제작된 영상을 한 번 보시기를 권한다.

처음에 영상을 만들 땐 시각적인 요소인 영상과 자막에 신경을 쓰게 되지만, 시간이 갈수록 배경 음악이 중요함을 깨닫게 되었다. 처음에 배경 음악을 고를 때 유튜브 오디오 보관함youtube.com/audiolibrary에서 검색하면서 일일이 영상에 맞는 음악을 찾곤 했다. 이곳은 무료 음원이라는 장점이 있다. 하지만 검색하는 시간도 오래 걸리고 내 취향에 맞는 음악, 그리고 3분 이상의 재생 시간을 가진 음악을 찾기란 매우 힘들었다.

그 이후로 어두운 곳에 홀로 있던 내게 구원의 빛을 내려준 누리집이 있는데, 바로 '공유마당gongu.copyright.or.kr'이다. 이 누리집에서는 기증저작물처럼 자유롭게 사용할 수 있는 자료를 비롯해 이용 허락 단서만 지키면 걱정 없이 쓸 수 있는 자료들이 많다. 내가 많이 사용한 것은 기증저작물 음원인데, 다양한 분위기에서 사용할 수 있는 음원을 저작권 문제없이 구할 수 있었다. 나는 기증저작물 중에 '김성원gongu. copyright.or.kr/gongu/authr/authr/viewWrtrPage.do?menuNo=200186&authrSn=63086&wrtFileTy=03' 씨의 작품을 많이 애용했다. 김성원 씨의 기증저작물 작품으로 영상공모전 배경 음악을 많이 사용했는데, 여러 차례 수상의 영광을 얻을 만큼 김성원

씨와 공유마당 누리집에 늘 감사한다.

입체감을 불어넣는 소리

영상을 좀 더 입체적인 느낌으로 만들기 위해 다양한 소리의 사용을
추천한다. 정보 전달을 위주로 제작된 영상에서 화면 전환 때는 '쓱'
소리를 삽입하거나 자막이나 정보가 담긴 문자들이 나타날 때 '뿅' 하
는 소리를 낸다면 좀 더 이목을 끌면서 다채로운 느낌의 영상이 된다.
참고 영상은 2019년에 만든 작품인데, 처음에는 효과음 없는 영상으
로 제작했다가 뭔가 밋밋한 느낌이 들어서 재작업을 한 영상이다. 이
미지가 움직이거나 튀어나올 때 소리를 넣으면서 입체감이 있고 시선
을 집중시키는 효과가 있다.

학교, 도서관, 웅성거리는 소리, 길거리, 음식점, 산, 바다, 공원 등에
서 들리는 배경 소리를 비롯해 사물과 동물들이 내는 소리도 영상에
맞게 넣는다면 매우 현장감 있고 생동감 있는 영상이 된다. 내가 보여
드리고 싶은 영상은 「완도 섬마을 주민의 순천 여행」이란 제목으로 전

「만약 물고기가 비명을 지른다면」은 도서 리뷰로 효과음을 넣어 제작한 영상이다.

라남도 1인 크리에이터 대회 참가 작품이다. 실제 완도와 순천 여행지에서 촬영된 영상에 녹음된 소리를 없애고, 영상 화면에 맞는 배경 소리를 유료 음원 누리집에서 구입해서 작업했다. 귀를 기울여 보면 귀뚜라미 소리, 새가 지저귀는 소리, 파도 소리, 갈매기 소리, 풍경 소리 등이 들린다. 실제 영상에서는 없는 소리지만, 이런 소리를 영상에 넣음으로써 자연 속에서 힐링하는 분위기를 느낄 수 있을 것이다.

이처럼 배경 음악과 소리는 영상에서 간과할 수 없는 요소다. 배경 음악과 소리를 영상이 추구하는 장면에 맞게 적용하면 즐거움, 행복, 슬픔, 긴장감 등이 더욱 배가된다. 그리고 보면 영상 제작가의 의도도 한층 잘 전달하는 데에도 이바지한다. 한동안 무료로 이용할 수 있는 누리집을 이용했지만, 요즘에는 유료로 다양한 음악을 저작권 문제없이 사용하고 있다. 영상 제작을 많이 하면 할수록 음악을 고르고 소리를 찾는 시간이 많이 소비되기 때문이다. 내가 원하는 스타일의 음악과 소리를 좀 더 수월하게 찾게 되면서부터 내가 만든 영상이 전체적으로 질이 향상된 시기이자 영상에 더욱 애착을 갖게 된 시기가 유료 음원으로 적절한 분위기의 음악과 소리를 사용하기 시

배경 소리를 넣어 제작한 영상인 「완도 섬마을 주민의 순천 여행」

작하면서부터다.

Tip_ 어디서 배경 음악과 소리를 구입할 수 있을까?

내가 이용했던 유료 음원 누리집은 모션엘리먼츠(motionelements.com)와 아트리스트
(artlist.io)다. 모션엘리먼츠 누리집은 연간 정액제로 구독하면 사진, 음악, 영상, 다양한
템플릿, SFX 및 소리 등을 무제한 정액제 플랜(연간 26만 원대)으로 이용할 수 있다. 영
상에 막 관심을 가졌던 시기에 이곳을 사용했기 때문에 이것저것 여러 자료를 써 보고 적
용해 볼 수 있어서 많은 도움을 준 누리집이다. 전체적으로 다양한 장르의 자료를 두루 사
용할 수 있다는 장점이 있다. 여러 형식의 자료를 쓸 수 있지만, 영상 제작을 꾸준히 하다
보니 각 음악, 영상, 이미지 등의 장르마다 좀 더 특화된 자료를 사용하고 싶은 욕구가 생
긴다. 현재 이미지, 이모티콘, 영상, 음원 등 장르별로 특화된 누리집을 개별로 구독해 쓰
다 보니 지금은 이 누리집을 해지한 상태다.
음악에 특화된 자료를 제공해 주는 아트리스트는 많은 감독이나 영상 제작가들이 사용하
는 누리집이다. 제공해 주는 음악이 매우 많아서 평소 자신에게 맞는 취향의 음악을 선정
하는 작업이 필요하다. 이 누리집을 이용하고부터 영상의 분위기가 전체적으로 바뀔 정도
이기에 늘 추천하는 곳이다. 장르별, 사용 목적, 악기별로 곡을 검색하는 기능이 편하고,
수많은 음악가가 이 플랫폼을 사용하기에 다채로운 배경 음악을 접할 수 있다.
다만 곡이 매우 많아서 오히려 선곡이 어려운데 '여락이들'처럼 평소에 음악을 선별하는
작업을 하는 사람들에게 적합하다. 영상을 만들기 시작할 때 곡을 선정하려고 고민을 하
다 보면 편집이 힘들고 영상을 완성하는 데도 많은 시간이 걸린다. 또한 배경 음악만 199
달러로 소리 효과까지 패키지로 이용하려면 299달러로 비싼 편이다. 그런데도 영상의 분
위기를 압도하는 배경 음악만이라도 먼저 구매해 써 보고 영상의 질이 많이 향상된 자신
의 작품을 보는 즐거움을 한없이 만끽해 보면 좋겠다.

Tip_ 무료로 배경 음악과 소리를 구하고 싶다면?

무료로 제공되는 만큼 자유 이용 허락 조건을 자세히 살펴보고 이용해야 한다. 출처 및 저
작자 표시가 필요한지, 상업적 이용이 가능한지, 변경해서 사용할 수 있는지 등을 살펴보
고 이용길 바란다. 내 경우 이런 사항을 알아 보거나 결과물에 출처를 남겨야 하는 애로
사항 때문에 유료 사이트를 이용하고 있다.
• 공유마당 gongu.copyright.or.kr   • 자멘도 jamendo.com
• 프리사운드 freesound.org   • 프리뮤직아카이브 freemusicarchive.org
• 유튜브 오디오 라이브러리 youtube.com/audiolibrary

22. 영상에 활력을 불어넣는 이미지 소스와 아이콘

무료 사용 가능한 이미지 소스

영상을 제작할 때 도움이 될 만한 사진이나 참고 자료를 사용하고 싶을 때가 많다. 학교 현장에서는 카메라로 찍을 수 있는 주제가 한정되어 있다. 국어, 사회, 수학, 과학, 영어 같은 교과 교육 외에 창의적 체험 활동, 동아리 활동, 10가지 주제를 담고 있는 범교과 교육까지 학생들이 배워 나가는 주제는 무수히 많다. 예를 들어 진로 체험 영상을 제작할 때 다양한 직업을 한눈에 보여 주는 사진, 삽화, 영상 등이 있다면 안성맞춤일 것이다. 왜냐하면 직접 각 분야의 직업인을 학교로 섭외에서 찍을 수 없으니까.

나는 이 경우 저작권에 어긋나지 않도록 유의해서 자료를 구해 사용하고 있다. 처음에는 픽사베이pixabay.com라는 영상 누리집에서 무료사진, 즉 출처를 밝히지 않아도 상업적으로 사용이 가능한 자료를 구해서 썼다. 필요할 때마다 제법 유용한 자료들이 많아서 영상 제작을 막 시작할 때는 많은 도움을 받았다. 영상 제작과 관련하여 학생이나 선생님들을 지도할 때도 자주 권장하는 누리집이다.

특히 간단한 형태의 아이콘이나 이모티콘을 영상에 많이 삽입했다. 짧은 시간에 시청자들에게 내 의도를 쉽게 전달하기 위해 매우 효과적이다. 아프리카에서 학생이나 선생님을 지도하기 위해서 교육 영상을 만들 때 아이콘이 매우 유용한 역할을 했다. 아이콘에 담긴 시각적인 의미가 서로 언어는 달라도 맥락을 이어 주는 연결고리와 같은 역할을 완벽히 해냈기 때문이다. 이런 시각적인 언어로써 아이콘을 사용하려는 사람들에게 권장하는 누리집이 있다. '플래티콘flaticon.com'이나 '더 나운프로젝트thenounproject.com'이다. 단 이곳에서 자료들을 무료로 이용할 순 있으나 이용 허락 조건을 사용해야만 한다.

사진, 포토샵, 일러스트레이터 이미지도 많이 사용한다. 이때도 픽사베이 누리집에서 적절한 자료를 찾아볼 수 있다. 좀 더 많은 이미지를 찾고자 한다면 '프리픽freepik.com' 누리집을 권장한다. 이 누리집도 마찬가지로 출처를 남기면 이용하는 데 문제가 없다. 단 프리미엄 자료는 돈을 지불한 사람에게만 제공되는 점, 그래도 무료 이미지 자료가 워낙 많아서 출처만 잘 밝히면 다양한 목적의 영상을 만들 수 있다. 나는 이미지에 움직임을 주는 영상을 제작할 때 포토샵, 일러스트레이터 파일 형식을 쓰는데, 직접 이미지를 제작하지 않고 이곳에서 제공해 주는 자료를 쓴다. 이렇게 이미지에 특화된 누리집을 사용하면 소중한 시간을 절약하면서 영상 제작을 할 수 있다.

언급된 누리집에서 무료 이미지와 영상을 저작권 문제없이 사용하려면 영상이나 설명란에 확실히 저작권자와 출처를 남겨야 한다. 그런데 영상 제작이 늘어날수록 출처를 남기는 일이 매우 번거로워진다.

설명란에 출처를 남겨도 되지만, 영상에 남겨야 하는 경우 영상의 분위기를 반감시키기도 한다. 그리고 나처럼 이미지와 이모티콘을 많이 쓰면 영상과 설명란에 엄청난 출처 표시를 쓰기 귀찮기도 하고, 막상 쓰인 출처 표시는 보기에도 좋지 않다. 혹시나 출처를 빠뜨려서 저작권에 어긋나지 않는지 걱정할 때도 있을 것이다.

유료 이미지 소스를 사용하는 이유

그래서 나는 현재 유료 이미지와 아이콘을 사용하고 있다. 아쉽게도 돈이 있으면 편하다는 현실을 영상 제작에 눈 뜨면서 서서히 알아가고 있다. 대부분 유료 누리집은 월 단위, 연 단위로 결제하면 무제한 사용할 수 있고 출처를 남기지 않아도 된다. 사용한 자료가 기록에 남아 있어서 필요할 때마다 라이센스를 내려받거나 출력할 수 있다.

유료 누리집의 자료를 사용하려면 사용료는 얼마 정도일까? 플랫아이콘과 프리픽처럼 이모티콘과 이미지 자료를 판매하는 누리집은 연간 10만 원 내외에서 이용할 수 있다할인 적용 및 환율로 매번 가격 변동이 있어서 해당 누리집에서 확인이 필요하다. 플래티콘과 프리픽은 같은 회사가 만든 곳이어서 패키지로 연간 이용권을 구매하면 저렴하게 이용할 수 있다. 간단하고 명확한 이모티콘을 사용하고자 한다면 소개해 드린 더나운프로젝트 누리집이 좋다. 아이콘과 이모티콘의 색상이 플랫아이콘의 자료보다 다채롭진 않지만, 눈에 확 뜨이게 하는 픽토그램 형식의 느낌은 매우 인상적이다. 가장 큰 장점은 플래티콘보다 저렴하게 구독할 수 있다는 것이다. 학교 교사나 학생은 연간 40달러의 이용권을 50퍼센트 할인 받아서 연간 20달러에 무제한으로 이용할 수 있다.

유료 이미지, 이모티콘, 아이콘 누리집은 먼저 출처를 밝히면서 사용해 보다가 영상 제작이 많거나 나처럼 출처를 밝히는 작업이 많아서 힘들어질 때 구매하기를 추천한다. 내 마음에 내키지도 않고 조심스럽지만 계속 유료를 많이 언급해서 독자들께서 스트레스를 받지 않았는지 송구스럽다. 다만 무료로만 쓸 때는 내가 쓰고 싶어도 프리미엄 자료라서 쓸 수 없기도 하고, 매번 출처를 남기는 일도 적지 않은 노고를 감당해야만 한다. 내가 가진 능력 범위 내에서 최상의 영상을 제작하고 싶은데, 사용하는 자료를 구하는 과정에서 제한이 생기면 매우 답답해진다.

다만 학생을 지도할 때는 학생이 공부하는 여건을 최대한 만들어 주어야 한다. 그래야 좋은 성과가 나오기 때문이다. 결론적으로 선생님들이 학생들과 함께 제작한 영상을 편집할 때 비록 유료 자료라 해도 즐거운 제작 과정 가운데 최대한 스트레스를 줄이는 방법을 제안드리고 싶다는 점을 이해해 주시기 바란다.

참고 작품은 내가 한국교직원공제회에서 크리에이터로 활동하면서 제작한 영상이다. 이미지와 아이콘을 어떻게 사용했는지, 어떤 효과가

이미지와 아이콘을 활용해서 제작한 「5월 가정의 달, 나의 결혼 이야기」

있는지 도움이 되었으면 한다. 나의 결혼 이야기와 더불어 결혼 기념품을 신청하는 정보를 전달할 의도로 제작된 영상이다. 긴 영상이면서 정보를 제공하는 의도이기 때문에 이미지와 아이콘이 이해하기 쉽도록 시선을 집중시켜서 지루해하지 않도록 제작한 영상이다.

제작자 스타일에 따라서 영상에 자주 사용하는 효과가 있다. 제작 의도에 따라 다르지만, 예능과 같이 화려한 모션이나 효과가 들어간 영상을 만들기도 하고, 컷 편집만으로 이루어진 다큐 형식의 영상도 있다. 요즘 나는 아주 화려한 효과 없이 영상 자체에서 이야기를 이끌어가면서 내가 표현하고자 하는 바를 전달하는 작품을 제작하고 있다. 그럼에도 그동안 제작된 영상을 살펴보면 나는 세 가지 효과, 즉 화면 전환, 영상 속도 조절, 자막 효과를 가장 많이 사용하고 있다. 화면 전환, 영상 속도 조절, 자막 사용만으로 대부분 교육 영상을 제작하고 있던 셈이다. 그러면 이 세 가지 효과에 대해서 내 영상과 더불어 소개해 보고자 한다.

화면 전환 어떻게 할까?

화면 전환은 장면과 장면을 이어 주는 역할을 한다. 이어 줄 때 급격한 변화로 집중을 주는 방식, 점차 화면이 어두워지거나 밝아지면서 교차하는 방식이 있다. 처음 화면 전환을 쓸 때는 맥락에 관계 없이 화면이 소용돌이치거나 갑자기 줌인이나 줌아웃하면서 극적인 전환을 주는 방식을 많이 썼다. 그렇게 사용해야 시청자에게 주목을 받고 내 편집 실력을 어필할 수 있다고 생각했다. 지금 보면 매우 부끄럽기 그지없다. 당시 제작된 영상을 다시 보면 이야기의 흐름을 방해하거나 매우 산만하게 보인다. 이야기의 구조가 도입, 전개, 위기, 절정, 결말의 구조로 이어지듯이 화면 전환도 분위기에 따라 장면과 장면의 힘에 따라 설정하면 좋겠다.

화면 전환은 시청자의 시선을 끄는 작업인 만큼 너무 많으면 오히려 시청자들의 신경을 거스르는 것이 된다. 나는 되도록 자연스럽게 화면 전환을 사용하고 대부분 다른 요소와 함께 화면 전환을 사용하고 효과는 가급적 자제한다. 기본적으로는 내레이션이나 음악 박비트에 따른 호흡에 따라 화면 전환 효과 없이 장면을 연결하여 사용한다.

다음에 참고할 영상은 이해가 쉽도록 빠른 음악 박자에 맞춰서 제작한 영상이다. 아프리카에서 가르쳤던 해맑은 제자들의 모습을 영상으

음악 비트에 맞춰서 편집한 영상인 「행복한 수업, 아이들의 해맑은 미소 in Africa!」

로 볼 때마다 아빠 미소를 짓게 된다. 음악 박자에 맞춰서 어깨도 들썩이게 만들기도 한다. 빠른 음악에 맞춰서 웃는 아이들의 사진들이 '획획' 지나가지만, 굳이 화면 전환 효과 없이도 자연스럽게 영상이 진행될 수 있다는 점을 이해하면 좋겠다.

나는 장면과 장면 사이에 시간 간격이 넓을 때 장면과 장면이 다소 이질적일 때 교차 전환cross dissolve으로 자연스러운 분위기를 만들고 있다. 교육 영상 도입이나 활동 시작에는 줌인, 끝날 때는 줌아웃 화면 전환을 쓰는 편이다. 그 밖에 연극에서 1막과 2막이 있듯이 영상에서 전달하려는 내용이 전반적으로 바뀔 때 이때서야 화면이 점점 어두워지거나 밝아지면서 전환되는 효과dip to black or white, 화면이 비틀어지거나 소용돌이쳐서 화면을 이어 주는 극적인 화면 전환도 쓰고 있다. 결코 정답은 없다. 교육 영상의 감독자이자 제작자인 여러분이 분위기와 목적에 따라 전체를 지휘하듯 영상을 만들면서 방향을 찾아 보길 바란다.

긴장감과 감성을 더하는 영상 속도 조절

학생들이 웃는 영상을 편집할 때는 영상 재생을 20퍼센트 정도 느리게 한다. 또 학생들이 함께 운동하는 장면이나 함께 점프하는 장면을 촬영할 때 일부러 60fps로 찍는다. 그리고 배경 음악이나 영상 분위기에 맞게 영상의 속도를 느리게 줄이기도 한다. 천천히 진행되는 영상으로 신선한 감동을 주고 시청자 이목을 집중시키기 때문이다. 이런 슬로 모션 화면에 주제가 담긴 문장이나 문구를 '팍팍' 화면의 공간에 꽂아 주면 시청자의 마음에 심금을 울리는 감동과 신선한 경각심을 주기도 한다.

최근에는 액션캠으로 120fps으로 찍어서 학생들이 체육 활동을 하는 찰나의 순간을 아주 느린 화면으로 만들기도 했다. 이런 영상은 학생들이 운동하는 자세를 피드백해 줄 때 좋은 참고 자료가 된다. 앞구르기, 뒤구르기 자세, 도전 영역 종목에서 자세라든지, 특히 표현 영역에서 활동 모습을 학생들에게 조언해 줄 때 참으로 유용하게 쓰인다.

반대로 속도를 빨리해서 타임랩스^{time lapse} 형태의 영상을 제작하기도 한다. 학생들과 바다 주변 정화 활동을 영상으로 담은 적이 있다. 학생들이 참여하는 구역이 촬영되도록 삼각대 위에 스마트폰을 고정하고 한 시간 넘게 학생들이 활동하는 모습을 촬영했다. 촬영 후 편집

Tip_ 슬로 모션 영상 제작할 때 고려할 점

촬영 설정 FPS와 편집 설정 FPS

카메라에 설정된 FPS와 영상을 편집할 때 프로젝트 시퀀스 FPS를 대부분 일치시켜서 작업한다. 나는 영상미가 있는 시네마틱한 영상을 표현하기 위해 30FPS로 촬영된 영상을 24FPS로 80%의 슬로 모션으로 느리게 편집한다. 1초에 30개의 프레임을 80% 정도 느리게 하면 1초에 24개의 프레임과 일치되기 때문이다. 30FPS로 촬영된 영상을 30FPS 편집 시퀀스에서 작업한 일상 영상보다 더 감성적인 영상 결과물을 얻을 수 있다. 중요한 점은 슬로 모션을 넣고 싶으면 촬영 FPS를 편집 FPS보다 높게 설정해야만 슬로 모션을 넣었을 때 자연스러운 영상이 된다. 그리고 촬영 FPS와 편집 FPS 설정에 따라 속도 범위가 달라진다. 예를 들어 60FPS로 촬영된 영상을 24FPS 편집 설정에서 작업할 경우 40%까지 느리게 표현할 수 있다. 그 이하로 느리게 하면 부자연스럽게 보인다. 120FPS로 촬영된 영상은 24FPS 편집 설정에서 얼마까지 느리게 표현할 수 있을까? 맞다. 20%까지 느리게 할 수 있다. 이 점을 고려해서 촬영하면 좀 더 좋은 결과물을 얻을 수 있을 것이다.

할 때 이를 압축해서 보여 주기 위해 영상 속도를 빠르게 해 주면 1시간 넘는 활동이 몇 분으로 단축되어 보이다. 해변 위에 널브러져 있던 많은 쓰레기가 학생들의 손길과 노고로 단 몇 분 만에 깨끗하게 변화하는 모습이 참 인상적으로 담아졌고, 후에 이렇게 편집된 영상 소스가 '경기도 환경교육자료 공모전'에서 입상하는 데 큰 도움을 주었다.

이처럼 영상 시간을 조절하는 것은 평면적인 영상에 긴장감을 주기도 하고 부드러운 감성을 전해 주기도 한다. 또 체육 교과뿐 아니라 다양한 교과에서 교육적인 조언을 줄 때도 사용하면 매우 좋다. 평소 촬영된 영상을 직접 조절해 보고 자신만의 스타일을 찾기를 바란다.

장르에 따른 애니메이션 효과 적용

강의나 수업 시간에 파워포인트를 많이 사용한다. 파워포인트의 기능 중에 애니메이션 효과가 있다는 것은 대부분 알 것이다. 보통 수업 중에 애니메이션 효과를 쓰게 되면 학생들이 학습에 집중하는 데 도움

「2019년 바다 정화 활동 타임랩스」 | 긴 시간 교육 활동을 속도 조절로 압축해서 편집했다. 활동이 강조된 인상적인 자료가 될 수 있다.

이 된다. 마찬가지로 영상에서도 애니메이션 효과를 쓸 수 있다. 영상 편집 프로그램마다 다소 차이가 있겠지만, 유료 또는 무료 플러그인을 쓰거나 키 프레임을 적용해서 삽화, 이모티콘, 자막 등을 이동, 확대, 축소, 나타냄, 사라짐 등의 효과를 삽입할 수 있다.

나는 정보를 전달해 주는 교육 영상을 제작할 때 애니메이션을 활용 하는 편이고, 영상미가 표현된 영상 제작에서는 자막 애니메이션 이외

Tip_ 프리미어 프로 사용자를 위한 무료 플러그인 소개

프리미어 프로 사용자라면 화면 전환, 자막 애니메이션 등을 아주 간단하게 사용하면서 도 전문가가 만든 것처럼 결과물이 좋은 플러그인을 무료로 사용할 수 있다. 나도 플러그 인을 사용하면서 영상의 질이 급격히 향상되었는데, 아직도 여러 플러그인을 자주 애용한 다. 플러그인은 무료 버전으로도 훌륭한 효과를 만들어 내지만, 매번 사용하기도 하고 편 의성이 높아서 비용을 지불하고 다양한 기능이 포함된 유료 버전을 구매했다. 좀 더 다양 한 효과를 필요로 할 때마다 유용하고 사용하고 있다. 대표적인 플러그인은 '프리미어 컴 포져(Premiere Composer)'다. 미스터호스(misterhorse.com) 누리집에서 이메일로 간단하게 회원 가입만 하면 무료로 사용할 수 있다. 여기서 제공하는 화면 전환과 애니메 이션 자막만 써도 시간 절약은 덤이고, 영상의 질이 많이 향상된 것을 직접 느낄 수 있을 것이다. 쓰고 싶은 효과를 마우스로 끌어서 작업 공간에 옮겨 주면 되기 때문에 사용하기 도 매우 쉽다. 비슷한 효과를 만들기 위해서는 전문가가 쓰는 애프터 이펙트를 사용해야 하는데, 이 프로그램을 사용하지 않아도 내가 필요한 애니메이션이 되기 때문에 제작 시 간도 줄여 준다. 프리미어 프로 사용자라면 일단 이 플러그인을 설치하여 써 보기를 강력 히 추천한다. 사용 방법은 '비됴클래스(youtube.com/c/JWVID)' 유튜브 채널에서 영상 으로 자세히 설명해 주고 있다.

프리미어 프로 사용자용 프리미어 컴포저 무료 플러그인 설치 순서
1. 미스터호스 누리집(misterhorse.com/premiere-composer)에서 프리미어 컴포저 를 내려받아 설치한다.
2. 설치하고 실행하면 다시 'starter pack for premiere composer'를 찾아 설치한다.
3. 프리미어 프로 실행 후 Menu〉Window〉Extensions〉Premiere Composer 클릭 후 실행한다.

에 잘 사용하지 않는다. 교육 영상은 학생들에게 교육 관련 정보들이 끊임없이 이미지 자료와 관련 자막과 함께 나열된다. 이때 그대로 제공하기보다 시선을 집중하도록 쫄깃한 움직임을 주고, 때에 따라서는 부드럽고 강하게 움직이는 이미지와 자막이 지루할 틈 없이 학생들의 시선을 집중하도록 만들고 관련 정보도 쉽게 이해하도록 도와준다.

반면 감성적인 분위기를 자아내는 교육 영상 에세이에서 현란한 움직임을 보이는 이미지가 현란하게 지나간다고 생각해 보면 정신없고 영상 분위기도 반감될 것이다. 무엇이든지 지나치거나 모자라지 않게 사용하면 좋듯이 영상 스타일과 목적을 생각하고 사용하면 좋을 것이다.

24. 교육 영상을 제작하는 과정

영상을 제작하려면 대부분 이 과정을 거치게 된다.

1) 목적과 대상을 고려한 영상 제작 기획
2) 영상 기획안 (대본)
3) 영상 촬영과 대본 녹음
4) 영상 편집 (배경 음악, 오디오 편집, 색 보정 포함)
5) 수정 및 검토

단순히 다섯 부분으로 나누었지만, 부분마다 곳곳에 난관이 있을 정도라 세세하게 따지면 많은 과정을 거치게 된다. 간단하게 한 번 살펴보도록 하자.

영상 제작 기획

교육 현장에서 제작할 수 있는 유익한 영상이 참으로 많다. 과학 실험 영상, 범교과 교육 영상, 체육 실습 영상, 원격 교육을 위한 영상, 교육 설명회 영상 등 그 수를 헤아릴 수 없다. 여러분이 이제 막 영상을 제작한다고 생각해 보라. 그러려면 제작하려는 영상이 무엇인지, 그리고 방향을 어떻게 설정할지 고민하게 된다. 이런 고민과 생각을 하고 나서 머릿속에는 만들려는 영상이 떠오르게 된다. 이 과정은 제작하려고 하는 영상의 목적과 주제를 명확히 하는 단계라고 볼 수 있다. 기획 의도에 따라 누구를 대상으로 어떤 효과를 기대하는지에 대해서도 생각해 보는 단계이다.

영상 기획안과 대본 작성

영상 제작 기획이 마무리되면 구체적인 기획안을 생각해 본다. 영상 길이, 촬영 기간, 장소, 배우 등을 고려해서 미리 정리해야 한다. 예상 화면과 들어갈 내레이션을 작성해서 어떤 영상이 나오게 될지도 예상해 본다. 나의 경우 전체적인 영상 흐름은 개인적으로 대본을 우선적으로 고려해서 작성하고 있다. 즉 대본이 완성되면 그에 따라 어떤 화면을 구성할지, 어떤 장소에서 촬영할지 선택하는 데 수월해지기 때문이다.

기획안은 여러 형식이 있다. 협업이 아니라면 자신에게 맞는 형식을 쓰면 된다. 대본에 미리 어떤 화면이 들어가면 좋을지 간단한 삽화를 그리는 것도 좋다. 기획안을 작성하지 않고 촬영할 때는 촬영 현장에서 생각나는 모든 상황을 찍게 된다. 오랜 시간의 촬영이 끝나고 막상 편집할 때면 의도했던 방향에 따라 꼭 필요한 장면이 그제야 떠오르기도 하고, 많이 촬영해 놓았던 영상을 쓰지 못하는 경우도 생긴다. 무작정 촬영한 영상 소스가 많아지면 이것을 사용해야 할지 말아야 할지 끊임없는 고민을 하게 된다.

심지어 기획안이 없을 때 촬영 영상에 따라 영상 흐름과 내용이 바뀌는 경우도 종종 있었다. 그래서 본인이 계획했던 시간을 넘어서 재촬영을 하거나 오랜 시간 편집 작업에 힘을 쏟아부어야만 한다. 이런 힘든 과정을 거치고 나면 먼저 기획안부터 짜는 본인을 발견하게 된다. 기획안을 준비하고 안 하고의 차이가 너무 크기 때문에 처음 배울

한국교직원공제회 'The-K 크리에이터' 기획안 예시

때 자신에게 맞는 양식을 고안하고 사용하길 바란다.

영상 촬영 및 대본 녹음

다음으로 기획안을 토대로 촬영에 들어간다. 영상에 등장인물이 나
온다면 등장인물들에게 어떻게 진행되는지, 그리고 대사와 행동을 충
분히 안내한다. 촬영할 때 한 장면이라도 다양한 각도와 화각으로, 또
클로즈업으로 최소 3번 이상 촬영한다. 인물의 행동과 감정뿐 아니라
풍경 등 영상 분위기를 한 장면으로 보여 주는 것보다 같은 장면을 여
러 각도와 화각으로 이어주면 더욱 제작자의 의도를 살리는 영상 제작
이 가능하게 한다. 영상 소스를 여러 개로 촬영하면 편집할 때도 좀 더
나은 소스를 선택할 수 있게 된다.

그리고 촬영한 영상은 앞뒤로 충분히 여유 있게 더 촬영해야 한다.
필요한 분량 정도만 촬영하다가 편집할 때는 소스가 모자라서 의도하
지 않게 슬로 모션으로 영상을 제작하는 경우도 있었다. 영상과 영상
소스를 이어 주는 화면 전환 효과에서도 촬영 길이가 좀 더 여유가 있
는 영상 소스가 필요하다. 한번은 아내에게 내가 나오게 촬영을 부탁
한 적이 있다. 내가 이렇게 저렇게 촬영해 달라고 설정 장면을 설명했
더니 내 의도에 맞게 촬영을 해 주었다. 그런데 단 4초 정도의 짧은 클
립만 엄청나게 촬영되어 있어서 실제 편집할 때는 하나도 못 쓰는 불
상사가 생기기도 했다.

학생이나 본인이 녹음할 때도 미리 대본을 읽어 보는 시간을 충분히
갖도록 한다. 읽으면서 어색한 부분은 듣기 편하게, 그리고 시청자가
이해하기 쉽게 단어와 문장을 고쳐 준다. 실제 녹음하는 경우 중간에

단어와 문장을 잘못 읽거나 기침 소리 같은 예기치 않은 상황으로 다시 녹음이 필요할 때가 생긴다. 이때는 "다시!"를 외치고, 2~3초 정도 쉬었다가 틀린 부분이 포함된 문장의 처음부터 다시 읽도록 한다. 많은 부분이 틀렸다면 처음부터 다시 녹음하는 것이 낫다. 위와 같이 하는 이유는 나중에 오디오를 편집할 때 시간을 절약해서 편집을 수월하게 해 주기 때문이다.

영상 편집

영상 편집은 촬영보다 시간이 더 오래 걸리는 작업이다. 시간과 노력을 많이 쏟을수록 효과가 나오는 과정이다. 그래서 좋은 영상을 제작하기 위해 하루 이틀도 모자라는 경우가 허다하다. 이번 여름방학 때 나는 'EBS 교육방송 연구대회' 제출 영상을 제작하게 되었다. 평상시 작업 속도로 영상을 편집할 때 신경을 써서 하더라도 하루나 이틀이면 끝날 작업이었다. 하지만 입상하고픈 욕심에 계속 하나하나 세세한 부분까지 신경 쓰다 보니 심지어 연구대회 마감일까지 몇 주 동안 작품 하나에 매달려 영상 편집을 하기도 했다.

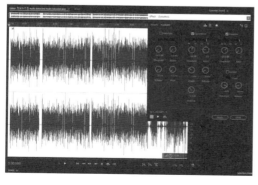

나는 영상 편집 중에서 오디오 편집을 가장 먼저 시작한다. 먼저 내레이션 부분에서 불필요한 잡음을 제거한다. 또 대본을 읽을 때 들리는 호흡 소리도 일일이 제거해 준다. 의외로 문장을 읽을 때마다 나의 들숨과 날숨 소리가 매우 크다는 것을 영상 제작하면서 알게 되었다. 내 유튜브 영상을 보고 한 시청자가 엄청나게 듣기 거북했는지 콧소리와 숨소리 때문에 영상에 집중이 안 된다고 댓글로 알려 주었다. 그 이후 숨소리를 우선적으로 제거하고 있다.

　또한 음향을 좋게 하기 위해 오디오 편집 프로그램 오디션에 내장된 컴프레서와 이퀄라이저EQ 등을 써서 음질을 편집한다. 이렇게 내레이션과 관련된 오디오 편집을 마치고 나면 드디어 영상 분위기를 좌지우지하는 가장 중요한 배경 음악을 선정한다. 음악을 장르와 분위기에 따라 적합한 선택을 하면 되겠다.

컷 편집 및 색 보정 작업

　그다음은 배경 음악과 내레이션을 토대로 이에 맞게 영상 편집 프로그램을 활용해 컷 편집을 한다. 중간중간 필요할 때마다 자막과 효과를 삽입해 주면 시청자들도 지루해하지 않고 끝까지 시청하게 된다. 거의 영상이 마무리되었으면 색 보정을 해 준다. 어떤 작품을 보면 영상의 '색감이 좋다'라고 느껴질 때가 있다. 또 어떤 작품은 색감이 너무 튀거나 밋밋할 때도 있다. 색 보정을 하지 않으면 색이 부자연스럽게 나타나기도 해서 꼭 색 보정을 해야 한다. 대부분 편집 프로그램이 명암, 화이트밸런스, 채도, 대조, 하이라이트 등의 탭을 조정할 수 있다. 프리미어 프로, 파이널 컷, 다빈치 리졸브 등 전문 영상 편집 프로그램은 색 보정을 좀 더 세밀하게 할 수 있다.

영상 편집이 마무리되었다면 영상을 출력하기 전에 전체적으로 처음부터 끝까지 시청자 관점에서 감상한다. 고쳐야 할 부분이 있다면 수정한다. 최종적으로 마무리가 되면 영상을 출력한다. 이제 편집 프로그램에서가 아닌 일반 동영상 재생 프로그램에서 영상 출력물을 검토해 본다. 재생 오류가 없는지, 자막 철자부터 구도, 음향, 녹음, 화면 전환, 영상 내용, 순서, 색 보정까지 검토한 후 문제가 발견된 부분을 표시해 둔다. 그리고 수정할 부분을 프로젝트에서 고친 후 최종 영상을 출력한다. 최종 영상물도 꼭 확인해야 한다.

영상 제작 과정은 긴 호흡이 필요한 과정이다. 기획, 대본 쓰기, 대본 읽기, 연기, 촬영, 편집, 배경 음악 선정 등 종합 예술 과정이라고 할 수 있다. 처음에는 생소하고 어려워서 쉽게 지칠 수도 있다. 하지만 좋아하는 주제를 가지고 위와 같은 과정을 거쳐 최종 영상 작업물을 맞이하게 된다면 계속 만들고 싶고 다양한 주제로 도전해 보고 싶은 욕구를 갖게 될 것이다. 그리고 SNS 채널에 공유해서 다양한 시청자들의 반응을 듣는 것은 참으로 흥미로우면서 영상 제작에 많은 도움이 된다.

25. 영상 촬영과 편집을 배우려면?

교육 영상 제작 연수

 2021년 8월 초, 창의융합교육원에서 진행된 교육 영상 제작 연수에 보조 교사로 참여했다. 나는 연수에 참여한 교사들은 대부분 젊은 선생님들일 것이라고 생각했다. 그런데 연령대가 20대부터 50대까지 참으로 다양했다. 그만큼 영상 제작에 관심 있는 분들이 많다는 것을 새삼 느끼게 해 주었다. 연수 기간에 찬찬히 옆에서 보조하면서 지켜 본 바로는 연수에 참여한 모든 선생님들의 배우려는 의지가 대단했다. 가장 열심히 수강하신 선생님께 여쭤 보니 5일간 천천히 영상 제작을 배울 수 있어서 신청했다고 했다. 특히 실습 시간임에도 강의 내용을 꼼꼼히 적는 선생님의 모습이 아직도 눈에 선하다. 연수 중에 이해하지 못한 내용을 혼자 연습해 보기 위해서였다. 그래서 평소 강사의 말 하나하나 모두 연수 교재에 빼곡히 적었던 모양이다.

 이처럼 교사들은 방학 동안 개설되는 집합 연수를 활용해 필요한 능력을 향상시킬 기회를 얻는다. 가장 좋은 점은 강사와 함께 현장에서 집중적으로 배울 수 있다는 점이다. 경험이 많은 강사들이 준비하는 자료도 매우 정성스럽고 알찬 내용이라서 유익한 시간이다.

이렇게 현장 연수에 참여하는 것도 좋지만, 코로나19 상황으로 인해 오히려 비대면으로 영상 제작을 쉽게 배울 수 있는 여건이 마련되고 있다. 현재는 인터넷이 연결된 곳이면 어디든지 다양한 영상 제작 기법을 배울 기회가 많다. 특히 교사를 위한 원격 연수도 많이 개설되어 있다. 그러면 직무 연수 이외에도 영상 촬영과 편집을 배울 수 있는 방법을 내 경험에 비추어 소개해 보겠다.

지식샘터

지식샘터educator.edunet.net는 현직 선생님들이 강좌를 개설해 초중등

'지식샘터'의 영상 제작 관련 강좌 중 일부

선생님 누구나 강의를 할 수 있고 또 강의를 수강할 수 있는 플랫폼이다. 매달 본인이 가진 강점을 주제로 강의를 개설하고자 하는 선생님과 그 노하우를 배우고자 하는 선생님을 연결해 주는 플랫폼이라고 보면 된다. 인기 있는 강좌는 마감이 일찍 되기 때문에 매월 초 신청 기간을 염두에 두면 좋다. 개설된 영역은 다양하지만, 꾸준히 교육 영상제작 관련한 강의가 개설되고 있다. 강사로 지원하는 현직 선생님 대부분이 각 지역 교육청에서 강사 활동을 해왔거나 다양한 지도 경력이 있어서 내가 들었던 강좌 모두 유용했다.

강좌도 실시간으로 진행되기 때문에 실습 중 언제나 물어볼 수 있고, 직무 연수처럼 15시간이나 30시간이 아니라 대부분 하루 2~3시간 과정이 대부분이라서 부담도 없다. 특히 학교 현장에서 근무하는 현직 선생님이 가르쳐 주기 때문에 학교 현장에서 교육 영상 제작과 활용을 바로 접목해서 배울 수 있다는 장점이 있다. 수강 후에는 연수 시간을 인정받을 수 있고, 무엇보다 무료라는 점도 매력적이다.

클래스101

현직 경력이 많은 크리에이터강의자가 제작한 강의 영상을 수강하려고 하는 사람들이 요금을 지불하고 시청할 수 있는 플랫폼이 클래스101class101.net이다. 나도 유명 디자이너와 감독이 제작한 강의를 시청했는데 만족도가 매우 높았다. 내가 사는 섬에서 유명한 크리에이터를 만나 배우기란 쉽지 않기 때문이다. 처음에는 영상과 모션그래픽 강좌로 시작했다가 현재 랩, 음악 작곡, 웹툰 드로잉 등 여러 강좌를 수강하고 있다. 이곳에서 배운 내용을 학생들에게도 전수해 주고 있어서 나와 학생 모두에게 많은 도움이 되고 있다. 모르는 내용에 대해서는 글로 질문할 수 있고, 조금이라도 의문점이 있으면 편안하게 물어볼 수 있다는 것도 장점이다.

다만 강좌마다 다르지만 평균 20만 원 내외의 수강 비용이 든다는 점이 지식샘터와 비교될 수 있다. 그럼에도 전문가로부터 기초부터 탄탄하게 배울 수 있다는 이점이 크고, 처음 배우는 사람들에게 맞춰진 교육 내용 구성이 매우 좋다. 영상 제작에 관심이 많은 분이라면 자신에게 투자해도 아깝지 않은 곳이라 생각한다. 평소 할인 혜택이 많이 제공되기 때문에 비용이 부담되는 분이라면 할인 혜택 찬스를 이용해 보면 좋겠다.

도서

도서로만 공부하기보다 다른 매체와 함께 배우는 걸 추천한다. 가장

클래스101의 영상 제작 관련 강좌 중 일부

무난하게 영상 제작에 대해 배울 수 있는 매체가 책이다. 도서 특성상 꼼꼼히 여러 번 볼 수 있고, 자신이 부족하거나 관심 있는 영역만 볼 수 있다. 나는 매년 연도만 업데이트되어 출간되는 디자인과 영상 관련 책을 매년 구입하고 있다. 프로그램이 업데이트되면 그에 대한 내용도 상세히 안내하고 있기 때문이다.

도서의 장점은 다른 매체와 함께 배울 때다. 영상 제작에 소질이 있거나 제작 경험이 있다면 도서만 봐도 이해가 될 테지만, 처음 입문자가 책의 삽화와 글만 보고 일일이 따라 하는 것은 매우 힘들다. 될 수 있으면 책으로만 공부하지 말고 나처럼 유튜브에 공유된 튜토리얼이나 연수, 유료 강의와 함께 도서를 보면서 배우기를 권장한다. 영상 제작은 실제 영상을 보면서 배워야 이해가 쉽고 도움이 된다. 우리가 글을 쓸 때 국어사전을 참고하듯 이런 용도로 영상 제작 도서를 참고하면 좋을 것이다.

유튜브

유튜브에는 유명 영상 디자이너와 감독이 운영하는 채널이 여럿 있다. 채널을 운영하는 크리에이터 중에는 많은 구독자를 거느리고 책까지 출간한 사람도 있다. 도서, 연수, 유료 강의처럼 강의 목차에 따라 진행되기보다 본인이 부족한 부분이나 필요한 부분 등 원하는 주제로 영상을 배우기에는 가장 좋은 방식이다. 5~10분 내외의 영상에 하나의 주제로 영상 팁을 주는 방식이 흥미롭기도 하고 분량도 알맞다. 지금도 프리미어 프로의 경우 '조블리youtube.com/c/조블리' '비됴클래스youtube.com/c/JWVID' '편집녀youtube.com/c/편집하는여자' '편집남youtube.com/

c/편집하는남자'의 영상을 구독하면서 영상 제작 스킬을 배우고 있다.

요즘 1인 미디어 시대인 만큼 콘텐츠 크리에이터에 대한 지원이 많다. 나도 지원 대상에 선정이 돼서 영상 제작 프로젝트에 참가했다. 2020년에는 전남콘텐츠코리아랩jnckl.or.kr 주관으로 진행된 '1인 크리에이터 스킬업 프로젝트'에 참여했다. 영상 제작 관련 교육 지원과 장비 및 스튜디오 대관 등 다양한 혜택을 제공함으로써 지역 콘텐츠 제작자를 양성하는 목표를 가진 사업이었다. 전남콘텐츠코리아랩, 전북콘텐츠코리아랩facebook.com/JBCKL, 경기도콘텐츠코리아랩gconlab.or.kr처럼 지역마다 운영되고 있으니 검색해 볼 것을 권한다.

2021년에는 1인 미디어 창작그룹 육성사업kcreator.co.kr에 참여했다. 과학기술정보통신부와 한국전파진흥협회에서는 잠재력 있는 1인 미디어 창작자를 발굴·육성하기 위한 사업으로, 신인 크리에이터의 초기 성장 발판을 마련하기 위한 콘텐츠 제작 인프라, 전문 교육, 멘토링, 컨설팅, 네트워킹을 지원하고 있다. 전국 5개 권역의 거점을 중심으로 신예 창작자 250개 팀을 선발하는데, 나도 지원을 해서 다양한 혜택과 도움이 되는 온라인 교육을 받고 있다. 여러분도 기회가 된다면 미디어 및 영상 관련 프로젝트에 참여해 보길 바란다.

기업이나 공공기관 등에서는 매년 서포터즈와 크리에이터를 모집한다. 선발되어 활동하게 되면 활동 중에 필요한 장비와 활동비를 제공받을 수 있다. 나는 2020년부터 한국교직원공제회 'The-K 크리에이터'로 공제회 소식을 비롯해 현장 교육과 업무 관련 영상 제작 활동을 하고 있다. 활동 지원으로 영상 관련 강의 수강 지원, 제작 물품 지원, 영상을 제출할 때마다 소정의 금전적 혜택을 받고 있다. 받은 활동비로 영상 강의를 수강하거나 유료 이미지 구매, 유료 영상 구매, 프리미어 프로 연간 구독, 클라우드 구독, 유료 음원 구독 등에 사용하고 있다. 이것만으로도 영상 제작하는 데 큰 어려움 없이 즐겁게 활동하고 있다. 내가 좋아하는 영상을 만들면서 그에 따른 지원도 받을 수 있으니 일거양득인 활동이다.

SNS 채널에 영상을 제작해서 공유하다 보면 처음에 왕성하게 활동하다가 시간이 갈수록 영상 제작을 미루거나 결국에는 포기하는 경우가 많다. 나도 운영 중인 채널에서 일주일에 2번씩 제작된 영상을 올리다가 요즘에는 마지막으로 올린 영상이 한두 달 전이었다. 그런데 서포터즈나 크리에이터 활동으로 꾸준히 정해진 마감 날짜에 완성본을 제출하는 것은 영상 제작 실력에 큰 도움을 주었다. 내가 크리에이터 활동을 하지 않았다면 부지런하게 영상을 제작하고 공유하지 않았으리라고 생각해 본다. 이런 점에서 'The-K 크리에이터' 활동이 나의 영상 실력을 향상하는 데 많은 부분을 차지했다고 볼 수 있다. 내가 활동하고 있는 'The-K 크리에이터' 1기가 이번 연도를 마지막으로 2년간의 활동을 마무리하게 된다. 새롭게 2기를 모집하게 된다면 꼭 지원해 보시길 추천 드린다.

4부 아이들과 함께 교육 영상 만들기

이전까지는 전반적인 영상 제작에 대해 다루었다면 이제는 학교 현장에서 더욱 다채로우면서 즐겁게 영상 제작을 했던 이야기를 나누어 보려고 한다.

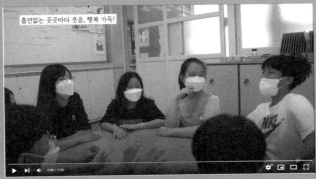

'제3회 청소년흡연예방문화제' 공모전 영상 지원작 장면 중에서 | 촬영 중 즐거운 모습이 그대로 담겨 있다.

26. 시공간을 넘나들게 하는 크로마키

시공간을 넘나드는 영상 교육

학교 현장에서 배우는 교과목에 따라 다양한 현장, 공간, 시대를 넘나들기도 한다. 과학 시간에는 바닷속에서 있기도 하고 우주 공간에서 태양계를 마주하기도 한다. 사회와 역사 시간에는 수백 년을 넘나들기도 한다. 안전 교육 시간에는 화재 현장이나 지진 상황 가운데 있기도 한다. 때로는 문학 속 상상의 공간에서 등장인물과 노닐기도 한다. 이 모든 상황은 실제가 아닌 교과서나 영상 등 간접적인 매체를 통해 아이들이 경험하고 배운 내용을 익히게 된다. 내가 가르쳐 본 경험으로는 여러 매체 가운데 영상이 가진 능력이 매우 대단하다고 볼 수 있다.

TV 드라마나 영화에서 주인공이 바다, 산, 하늘, 우주를 자기 집 마당처럼 돌아다니는 장면을 많이 보았을 것이다. 그러면 우리 학생들도가 보고 싶어 하는 머나먼 우주에서 돌아다니거나 아름다운 푸른 하늘을 날아다니는 모습을 영상으로 담아내 보면 어떨까? 아니면 역사적인 시대 상황에 놓인 학생들을 영상에 담고자 촬영해 보면 어떨까?

학생들은 자신과 관계된 일상 경험과 자기 주변을 탐색하면서 배운다. 간접적이지만 학생들을 시공간이 바뀐 영상 속으로 초대하면 학생들은 영상 속 배경을 자신과 연결고리를 짓고 생각의 날개를 펼칠 수 있다. 교과서만으로 배우는 것보다 영상 속에 다양한 교육적 의미와 이야기들을 아이들 스스로 엮어서 담아내고 표현하는 것이다.

크로마키 기법을 활용한 촬영

그러면 이런 영상은 어떻게 만드는 것일까? 혹시 크로마키라고 들어보셨는가? 녹색 천이나 파란색 천을 배경으로 촬영 후 편집할 때는 배경 색을 뚫어 투명하게 만들고, 지워진 배경에 원하는 시공간 배경을 겹치는 효과다. 학생들과 교과 관련 영상이나 UCC 공모전 작품을 촬영할 때 많이 사용했었다. 뉴스 아나운서와 학생 인터뷰 장면을 촬영할 때, 지상파의 뉴스 데스크처럼 배경을 편집했다. '증발'을 주제로 과학 교육 영상을 제작할 때도 상황에 맞는 배경을 써서 학생들이 이

크로마키를 활용한 영상인 「신비한 분자의 세계, 증발 및 생활 유용 꿀팁」 | 학생이 바닥에 있는 물을 펼치는 모습과 바닥을 닦고 있는 이미지와 합성해서 사용했다.

해하기 쉽도록 설명을 할 때도 쓰였다. 그 밖에 미래의 상상 속 교통수단을 표현할 때나 4·19혁명과 5·18민주화운동 관련 공모전 작품을 제작할 때도 유용하게 사용했다. 세계 여러 나라를 영상으로 직접 제작해서 배울 때도 크로마키 기법은 참으로 유용했다.

크로마키 기법이 다양한 상황을 연출해 주는 만큼 촬영 방법도 어려울까? 절대 그렇지 않다. 촬영 현장에서는 크로마키 스크린을 설치해 주고 스크린 범위 안에서 촬영을 하면 되고, 편집할 때는 배경 영상으로 쓸 이미지나 영상과 크로마키 효과가 적용된 영상을 겹쳐서 표현하면 된다. 크로마키가 적용된 영상은 스크린 부분이 뚫려 있는 상태로 보면 되고, 뚫린 곳에 들어갈 이미지와 영상을 따로 넣어 준다고 이해하면 쉬울 것이다. 크로마키의 적용 방법은 영상 편집 프로그램마다 다르다. 유튜브 채널에서 영상 편집 프로그램의 이름과 크로마키를 같이 검색해 보면 많은 튜토리얼 영상을 볼 수 있을 것이다.

크로마키를 활용한 작품인 「거리의 기적, 광장의 기적」| 2019년 '보훈 콘텐츠 공모전' 일반부 장려상을 수상했다. 2·28 학생 민주의거, 3·15의거, 4·19혁명, 5·18민주화운동, 6월 민주 항쟁 등 대한민국의 자유와 민주주의에 대한 많은 사람의 피와 땀이 밴 고귀한 의미를 담아내어 영상으로 학생들과 표현한 작품이다.

영상 편집을 하면서 느끼게 되겠지만, 촬영 영상에서 고쳐야 할 부분이 있다면 편집에서 수정할 수도 있다. 다만 되도록 원본 영상이 좋을수록 보다 좋은 결과물을 얻을 수 있다. 마찬가지로 크로마키 효과를 제대로 적용하려면 촬영할 때 원본 영상이 중요하다. 언급했던 내용을 복습해 보자면 다음과 같다.

Tip_ 크로마키 촬영 시 주의 사항

1. 크로마키 스크린과 같은 계열의 색을 스크린 안에서 사용하지 않기(의상과 사물)
2. 조명을 등장인물이나 사물에 고루 비추기
3. 스크린 천을 펴서 스탠드에 움직이지 않도록 고정하기(주름이나 천의 움직임 방지)

27. 좋은 영상은 스토리텔링에 있다

스토리텔링의 힘

교육 영상을 제작하게 될 때 하나의 완결된 이야기로 만들면 시청자들에게 여러 감정적인 정서를 불러일으킨다. 30초나 1분 이내 영상에서도 이야기가 가진 힘은 매우 크다. 1분 동안 아무 의미가 없는 풍경이 담긴 영상을 보는 것과 5분 동안 이야기 속에 관찰자나 참여자로 시청하는 것은 매우 차이가 크다. 학생들이 영상을 시청하고 나서 풍경만 담긴 1분이 정말 지루해서 시간이 멈춘 것 같다고 말한다.

반면에 이야기가 담긴 영상은 5분이라는 시간이 금방 눈 깜짝할 새 자신도 모르게 지나갔다고 한다. 그만큼 스토리텔링의 힘은 강하다. 다양한 삶이 담긴 이야기가 영상 속에서 이끌어가는 힘은 생활 속에서는 전혀 인식하지 못하지만 실제로 거대한 힘이 존재하는 중력처럼 매우 강력하다.

가장 쉽게 스토리텔링을 만드는 방법은 자신만의 이야기를 영상 속에 담아내는 것이다. 내가 영상공모전이나 교육 영상 제작을 할 때 살고 있는 섬에 대해 언급할 때가 많다.

"안녕하세요? 저는 섬마을에서 아이들을 가르치는 교사입니다."

이런 내레이션으로 시작할 때가 많다. 시청자들은 생소한 섬마을 선생님이 말하려는 이야기에 집중하게 된다. 최근에 '2021 미래세대 물교육 공모전'에서 「기후 위기, 아프리카에서 겪은 가뭄 그리고 단수」라는 제목으로 영상을 출품하였고 우수상을 받았다. 이 영상에서 위와 같은 멘트를 시작으로 아프리카에서 2년간 생활하면서 겪은 가뭄을 이야기로 구성했다. 바다로 둘러싸인 푸르름이 가득한 섬에서 시작된 이야기는 자연스럽게 삭막한 아프리카에서 느꼈던 기후 위기와 소중한 물에 관한 내용으로 이어진다. 마지막에는 기후 위기를 막기 위한 실천이 담긴 이야기를 내레이션으로 전했다. 3분이라는 영상 속 이야기를 통해 심사위원들은 큰 공감을 얻었으리라고 생각해 본다.

2021년 '미래세대 수돗물 아이디어 실현 공모전' 우수작인 「기후 위기, 아프리카에서 겪은 가뭄 그리고 단수」ㅣ보츠와나 4학년 학생들이 "물을 아끼자"라는 포스터를 만들고 보여 주는 장면이다.

문학 작품처럼 상상의 이야기를 만들어 보는 방법도 있다. 앞에서 언급했던 '청소년 흡연 예방 문화제' 대상작이 그 예다. 보통 흡연 예방 교육 영상을 떠올려 보면 대부분 흡연으로 인한 폐해를 중점으로 경각심을 일깨우는 구성으로 영상을 제작하는 경향이 있다. 그래서 이와는 다른 방향으로 「담배 없는 세상을 꿈꾸며」라는 주제로 학생들과 함께 영상을 제작하기로 논의했다. 담배 없는 세상에서 섬마을 아이들과 지역 주민들이 모두 환하게 웃으며 행복해하는 영상과 담배 없는 세상에서의 모두가 행복하고 건강한 삶을 담은 내레이션으로 간결한 이야기를 만들었다. 이렇게 아이들의 상상과 염원을 담은 이야기는 '청소년 흡연 예방 문화제' 영상 부문 대상을 수상할 만큼 시청자들에게 좋은 반응과 감정을 선사해 주었다.

학교 현장에서는 교사, 학생, 학부모를 비롯한 다양한 교육 가족들이 자신만의 이야기를 하고 있다. 그리고 학생들의 마음에는 무한한 상상의 이야기가 넘실대고 있다. 영상은 이러한 것을 맺어 주는 도구라고 생각한다. 영상은 재미나고 슬프고 감동 있는 다양한 이야기들을 엮어서 표현해 주는 매체다. 이야기를 엮어서 책이 되고, 만화가 되고, 잡지가 되고, 영화가 되듯이 다양한 이야기를 영상으로 아이들과 제작해 보는 것은 어떨까?

1장 연수에서 짜릿했던 순간

유난히 더웠던 2019년 여름, 나는 마흔이 넘은 나이에 녹슨 머리를 겨우 부여잡고 전남교육연수원에서 1정 연수초등 1급 정교사 자격 연수에 참여했다. 처음에는 큰 목표를 가지고 연수원 생활관에서 열심히 공부를 시작했다. 하지만 그 열정은 금방 식었는데, 시간이 지날수록 내가 다른 동료 선생님보다 부족하다는 것을 깨닫게 되면서부터다. 도서-가 지역, 도서-나 지역, 작은 학교에서만 근무했던 터라 큰 학교에서 온 다른 동료 교사들의 교육에 대한 시각이 매우 세련되어 보였다. 특히 도서 지역에서 참여하기 힘든 연수와 장학 및 교과 모임에 활발히 참여해 온 동료 교사들은 같은 경력 3년 차임에도 나보다 많이 성장한 모습에 매우 부럽기도 하고, 나 자신이 매우 작게 느껴지기도 했다.

더욱 자존감을 떨어뜨린 사건은 연수가 시작되고 얼마 되지 않아서 발생했다. 2019년도 교육방송 연구대회 출품 영상을 마무리 짓기 위해 주말에 섬에 있는 학교 관사로 갔었다. 가는 날이 장날이라 했던가? 섬에 발을 딛자마자 세찬 바람이 불어오기 시작했다. 영상을 마무리 짓기 위해 꼭 와야 했지만, 이 정도일 줄은 몰랐던 것이다. 주말 내내 마음속으로 손과 발이 닳도록 빌었건만, 끝내 기상 악화로 돌아가는 배는 통제되고 말았다. 손과 발이 묶인 신세가 되고 말았다.

월요일 낮이 되어서야 육지에 발을 디딜 수 있었고, 차가 없어서 대중교통을 이용했던 나는 담양 연수원에 5시가 넘어서야 도착했다. 미리 사정을 말씀드렸던 교육연구사로부터 다시 연락이 왔다. 사유서를 써야 하니 사무실로 오라는 것이다. 교육연구사를 직접 만나서 지푸라기라도 잡는 심정으로 기상 악화라는 통제 불능한 상황을 호소했지만, 형평성에 따라 어쩔 수 없이 규정에 따른다고만 했다.

잠시 교육연구사가 바쁜 일을 처리하는 동안 '점수가 많이 깎이겠구나'라고 마음속으로 낙심하고 있었다. 어깨는 축 처져 있었고 눈은 두

리번거리면서 천장과 바닥만 곁눈질할 뿐이었다. 그때 전남 지역번호 '061'로 시작되는 전전화 한 통이 휴대전화의 진동을 울리고 있었다.

"여보세요? 네. 제가 이탁훈입니다."

"안녕하세요? 영광군청입니다. 공모해 주신 작품이 우수상에 선정되어 연락드렸습니다. 축하드립니다. 필요 서류를 문자로 보낼 예정이에요. 이메일로 보내주시면 감사하겠습니다. 다시 한 번 축하드립니다."

어두컴컴한 밤하늘에 멋지게 쏘아 올린 축포를 보았을 때처럼 희비가 교차하는 상황이었다. 휴대전화 너머 전해진 수상 소식은 축져진 내 어깨를 덩실덩실 움직이게 했다. 제자들과 만든 작품이 처음으로 대외 공모전에서 수상했다는 사실에 너무나 기뻤기 때문이다. 그 이후로 연수 기간 내내 동료 교사들과 자신을 비교하면서 도서 지역 근무를 한탄했던 나를 반성했다. 섬에서 근무하면서 만나고 있는 섬마을 제자들과 다음에는 어떤 즐거운 영상을 만들지 행복한 고민을 하기 시작했다. 이날 이후로 남은 연수 기간은 한결 편한 마음으로 연수에 임할 수 있었다. 다만 너무 편한 마음으로 연수 과정에 임했는지, 그 중

'2019 영광 e-모빌리티 UCC & 웹툰 공모전' 우수상 수상작인 「누구나 자유롭게, 평등하게, 깨끗하게, 행복하게 E-Mobility(이모빌리티)」 | 학창 시절 누구나 상상해 본 이야기로 진행된 영상은 보는 내내 미소를 잃지 않게 한다.

요하다던 연수 점수는 별로였다.

아이들의 상상을 이야기 영상으로

내게 큰 영광을 안겨다 준 이 영상은 아이들의 시선 속에서 미래 생활상을 상상 속 이야기 형식으로 표현된 작품이다. 청소하다가도 타고 이동이 되는 대걸레 '씽씽카', 날아다니는 '슈퍼보드', 그리고 공부하다가 집에 갈 때 자동차가 되는 '교실 의자'는 생각만 해도 즐거운데, 영상으로 표현까지 하니 보는 내내 웃음꽃을 피우게 했다.

학생들과 함께 처음으로 만든 영상이고 편집 실력이 부족할 때라서 지금 보면 부끄러운 작품이다. 휴대전화에 설정된 색감 그대로다. 전혀 색 보정을 하지 않았다. 크로마키도 깔끔히 되지 않거나 화면이 잘린 부분이 계속 눈에 뜨이기까지 한다. 영상미도 부족하고 최근에 내가 만든 영상을 봐도 표현에 있어서 볼품이 없어 보일 수도 있겠다.

하지만 이 영상이 가진 매력이 있다. 재미난 구성 속에 빛을 뿜고 있는 이야기가 살아 숨 쉬고 있다. 이야기가 있는 영상이 이 공모전의 심사위원들에게 후한 점수를 얻지 않았나 생각해 본다. 섬에 사는 나와 학생들의 상상 속 이야기를 담았기에 보는 이로 하여금 관심을 끌었을 것이다. 그래서 지루하지 않고 영상을 끝까지 보게 하는 힘이 작용하게 되었으리라.

"누구나 자유롭게, 평등하게, 깨끗하게, 편안하게, 행복하게"라는 아이들의 구호도 이모빌리티의 장점을 부각시켜 주었다. 특히 아이들이 상상한 상황을 직접 연기한 장면에서처럼 학생들 모두 영상 제작을 즐기면서 참여하는 모습이 그대로 영상에 나온 점이 가장 큰 장점이었을 것이다.

스토리텔링이 담긴 교육 영상

스토리텔링이 담긴 교육 영상으로 보여 주고 싶은 작품은 「나의 SW 교육 이야기」이다. 제목에서처럼 나의 경험이 온전히 담긴 이야기 형식의 작품이다. 소프트웨어 교육으로 성장했던 나의 이야기라는 주제로 흔하지 않은 경험, 즉 아프리카 현지에서 소프트웨어 교육을 했던 이야기를 담아내었기 때문에 한 번 보면 빠져드는 매력을 가진 영상이 아닐까 싶다. 마지막 부분은 아프리카에서 가르쳤던 소프트웨어 교육이 자연스럽게 현재 근무 중인 섬마을 학교에서도 계속 진행되고 있다는 점을 부각시켰다.

2019년 내가 영상에 흥미를 가지기 시작할 때 만든 영상이어서 간단한 애니메이션, 배경 음악, 자막, 사진 이미지, 영상만으로 구성했다. 화려한 효과와 영상미는 없지만, 스토리텔링의 힘을 가진 이 영상은

'2019년 전남 SW 교육 UCC 공모전' 입상작인 「나의 SW 교육 이야기」 | 아프리카에서 소프트웨어 교육을 했던 이야기가 담겨 있다.

'전남 SW 교육 UCC 공모전'에서 입상한 작품이기도 했다. 즉 이 영상은 전달하려는 이야기가 큰 힘을 발휘하는 교육 영상이라고 할 수 있다. 백문이 불여일견이니 QR 링크로 확인해 보면 좋겠다.

이 영상과 관련하여 재미난 에피소드가 있다. SNS 채널이 대단한 것이 내 SNS에 올려진 이 영상을 EBS 소프트웨어 교육 다큐멘터리 관계자가 우연히 보고 학교로 연락해 오기도 했다. 해남 땅끝마을 바다 너머에 있는 학교까지 취재를 온다고 했지만, 나 말고도 대단한 선생님들이 많은데 이곳까지 온다니 더욱 나를 드러내기 부끄러워서 극구 사양했다. 지금 생각해 봐도 가슴이 조마조마하다.

섬마을의 제약을 디지털 교과서로 꿈을 이루어가는 이야기

마지막으로 스토리텔링과 관련되어 소개해 주고 싶은 영상은 한국교육학술정보원KERIS이 주최한 '2019 디지털교과서와 함께하는 온라인 콘텐츠 공모전'에서 최우수상을 받은 작품이다. 이 작품도 「나의

'2019 디지털교과서와 함께하는 온라인 콘텐츠 공모전' 최우수작인 「(드넓은 바다처럼) 큰 꿈과 희망을 디지털교과서로 이루어요!」

SW 교육 이야기」처럼 아프리카 현지에서 디지털 교과서를 사용한 이야기로부터 시작된다. 그리고 자연스럽게 섬이라는 환경적 요인으로 공부에 제약이 있는 섬마을 학생들과 이를 가르치는 교사인 내가 가지는 부담감을 디지털 교과서로 해결해 나가고, 학생들과 함께 꿈을 이루어가는 이야기를 담아내고 있다. 영상을 시청할 때마다 출연했던 학생들이 밝게 웃으며 즐겁게 촬영했던 추억이 새록새록 떠오르는 작품이기도 하다. 직접 영상을 보면 좋겠다.

이번 장에 언급된 영상을 통해서 스토리텔링이 얼마나 큰 힘을 가지고 어떻게 영상을 엮는 역할을 하는지, 그리고 제작자의 의도를 어떻게 시청자에게 전달하는지 이해가 되었으면 하는 바람이다. 제작자인 내가 느낀 감동이 단지 나만 느끼고 시청자들에게 전달이 되지 않았다면 의도에 맞지 않은 이야기와 구성이 문제일 것이다. 다만 대부분 2019년에 제작한 영상이라서 많이 부족한 점도 있지만, 다행히 모두 수상한 작품이기 때문에 최소한 심사위원들에게라도 감동을 준 작품이라고 믿으시고, 교육 영상을 제작하는 데 작은 도움이라도 되었으면 한다.

28. 360도 영상으로 구현하는 실감형 콘텐츠

VR 콘텐츠

지난 6월 나는 정말 신세계에 푹 빠져 살았다. 평소 돈을 쓰는 일은 없지만, 영상 관련 장비만은 헤프게 쓰는 나를 알아본 VR 기기를 사면서부터다. 몇 년 전만 해도 VR 기기를 사려면 많은 돈과 좋은 컴퓨터가 있어야 했는데, 최근에 페이스북에서 만든 오큘러스 퀘스트 2라는 기기가 혜성처럼 나타났다. 예전에는 좋은 컴퓨터가 있어야지만 즐길 수 있던 VR 실감형 콘텐츠들을 40만 원대의 가격으로 활용할 수 있게 되었다. 언론에서는 이 기기가 VR의 대중성을 확장하고 있다고 한다.

처음, 이 VR 기기를 썼을 때 "우~와!" 하고 한동안 멍하니 감탄만 했었고, 360도 VR로 제작된 콘텐츠를 감상할 때는 저절로 감탄사를 내질렀다. 마치 VR 속 그 현장에 내가 그대로 있는 기분이 들었다. 지금까지 에베레스트 정상에서 둘러본 그 광경은 아직도 뇌리에 선한다. 그다음으로는 180도 3D VR 콘텐츠로 제작된 있지ITZY의 「Wannabe」무대 영상을 보자마자 "우~와!" 하고 큰소리로 외쳤다. 걸그룹 아이돌이 내 눈앞에서 춤추는 광경에 넋을 잃고 말았다. 3D 입체여서 바로 손만 뻗으면 만져질 것 같은 현실감이 내 머리에 큰 충격을 주었다.

요즘에는 섬에 사는 학생들에게 실감형 콘텐츠로 교육과 관련된 다양한 체험 거리를 선사해 주고 있다. VR 기기를 체험할 때 학생들도 나처럼 "우와~!"를 연신 외쳤다. 다음 시간에도 또 하면 안 되냐고 끊임없이 묻는 것을 보면, 정말 재미있나 보다. 앞으로 어떤 VR 콘텐츠라는 세계가 언제 또 나를 비롯해 학생들을 더 놀라게 할지 기대가 된다.

내가 이 VR 기기를 사게 된 이유는 평소 360도 영상 콘텐츠를 제작해 왔기 때문이다. 이미 언급해 드렸지만, 내가 소유하고 있는 고프로 맥스는 듀얼 카메라가 있어서 360도 영상을 구현할 수 있고 쉽게 영상 제작도 가능하다. 특히 학생들을 가르치는 교사로서 360도 영상은 활용 범위가 참으로 넓다.

실감형 콘텐츠 제작을 위한 360도 카메라

이 카메라의 장점은 항상 들고 있지 않아도 된다. 보통 나는 체육 시간에 360도 카메라를 삼각대에 세워서 촬영해 놓고, 수업을 진행한다. 수업 후, 360도 영상을 출력하면 어느 화각에서라도 모든 학생의 활동이 담겨 있다. 편집 앱을 통해서 원하는 화각으로 다시 편집할 수도 있어서 다양한 영상을 제작할 수 있다. 모둠 활동, 움직임이 많은 활동을 할 때 360도 카메라는 큰 위력을 발휘한다.

현장 체험학습, 수학여행 때도 활동 모습과 현장을 촬영해 놓으면 학생들에게 생생한 추억 혹은 교육 자료로 남겨진다. 현장을 촬영한 영상은 추후에 지역 소개, 고장 소개 등 사회 영역에서 쓸 수 있다. 시간이 날 때마다 방문한 지역을 360도 카메라로 찍고 360도 사진을 구글에 등록도 가능해 우리 지역을 소개하는 공부를 할 때 쓰이기도 한다.

내가 6학년 담임을 맡고 있어서 곧 수학여행을 순천으로 계획 중에 있다. 내가 순천에서 360도 카메라로 촬영한 영상을 학생들에게 보여주니 코로나 상황이 끝나면 꼭 순천으로 수학여행을 가고 싶다는 학생이 많아졌다. 특히 체험하기 어려운 공간이나 장소를 실감형 콘텐츠로 체험해 주는 것도 현재 코로나 상황에서 좋은 대안이 될 것이다.

개인적으로 VR 기기를 구입하는 것은 부담스러울 수 있겠다. 하지만 기회가 된다면 꼭 체험해 보길 바란다. 한동안 360도 영상 제작을 소홀히 했는데, VR 기기를 산 후 요즘 급격하게 많이 제작하고 있고, 그 촬영 영상을 편안한 의자에 앉아 VR 기기로 보는 취미가 생겼다. 교육 공간에서 다채로운 생생한 현장을 아이들과 함께 제작하고 공유하며 체험해 보는 것은 어떨까?

360도 영상 「체육 활동: 숫자 순서대로 빨리 모으기」 | 360도 카메라는 활동하는 모든 학생을 영상 안에 담을 수 있는 이점이 있다. 휴대전화에서는 유튜브 전용 앱으로 고화질(2880p)로 설정해서 보시면 좋다.

29. 독서 활동에 재미를 보태는 북튜버 활동

독서 콘텐츠 생산자, 북튜버

초등학생 희망 직업 순위 조사 결과, 콘텐츠 크리에이터는 2018년 5위, 2019년 3위, 2020년 4위로 매년 톱 5위에 드는 직업으로 조사되고 있다. 초등학생에게 친근하고 관심이 많은 크리에이터 활동을 독서와 교육과정을 연계하여 직접 체험하게 해 보면 어떨까? 온라인 플랫폼의 장점, 학생들의 관심과 더불어 교육 현장에서 학생들에게 가장 권장하고 있는 '독서' 콘텐츠를 접목하여 진행된다는 점은 학생들에게 즐거운 독서 생활을 권장하는 좋은 방법이 될 것이다.

내가 '나는야 북튜버!' 활동을 학생들과 함께 시작한 계기는 2018년 책을 소개하는 유튜브 채널을 운영하면서부터다. 국립어린이청소년도서관에서 추천하는 도서와 세종도서로 선정된 도서 등을 읽고 리뷰하는 영상을 제작하면서 시작하게 되었다. 직접 북튜버 활동을 해 보면서 나 스스로 매우 유익하고 보람 있는 활동이라는 것을 깨닫게 되었다. 독서 기록장과 독서 감상문을 쓰는 독서 후 활동보다 다양한 과정을 거쳐서 사고력 향상을 가져다주는 이점이 있다.

또한 책 소개 영상을 만드는 과정은 책을 읽는 소비자가 아닌 독서 콘텐츠 생산자로서 의미 있는 활동이라는 점이다. 특히 채널에 올려진 영상은 다수 시청자들에게 공유되어 다양한 피드백과 응원 메시지를 받기도 했다. 아마 이런 과정을 통해 만들어 보면 정말 큰 희열을 느낄 수 있을 것이다. 그러면 북튜버 활동은 어떤 과정을 거치는지 살펴보자.

책 선정

처음으로 책을 소개한다면 평소 읽었던 책 중에서 가장 인상 깊게 읽었던 책이나 가장 좋아하는 책을 먼저 소개하는 것이 좋다. 왜냐하면 이야기를 나눌 때 당연히 말하고 싶은 내용과 소감이 많을 것이기 때문이다. 이제 점점 책을 소개하고 리뷰하는 것이 익숙해지면 현재 인기 있는 책이나 신간 도서를 선정해도 좋다. 최근 많이 다루어지는 교육이나 사회 이슈에 관한 책도 관심을 가지는 사람들이 많으므로 이것도 염두에 두면 좋다. 다만 선정된 책은 책을 소개하고 비평하는 견해에서 읽고 생각해야 하므로 신간 도서나 인기 있는 책을 다룰 때도 자신이 대체로 관심 있는 분야나 좋아하는 분야에서 선정하도록 한다.

도서 읽기 및 대본 작성

책 선정이 끝나면 책의 디자인 같은 외형적인 부분과 읽게 된 동기,

자신만의 생각과 소감, 인상 깊은 내용, 간단한 책 내용 소개, 책 추천 이유 등도 생각하면서 읽는 것이 중요하다. 이제 읽은 내용을 바탕으로 독서 대본을 작성한다. 책을 소개하는 영상을 보게 될 친구들을 떠올리면서 저자 소개, 책에 대한 인상, 내용, 소감, 책을 추천하는 이유 등을 적는다. 되도록 앞부분에는 시청자에게 관심과 호기심을 끌 수 있도록 작성하면 더욱더 좋을 것이다. 대본을 쓸 때 책에 쓰인 글들을 상당 부분 똑같이 작성하지 않도록 해야 한다. 그대로 작성하고 나서 녹음과 촬영을 하면 그것은 책 낭독이 되기 때문이다.

책도 당연히 저작권이 있는 작품이므로 이런 부분에서 항시 조심해야 한다. 문학 작품인 경우 시청자가 호기심을 갖고 더욱 책에 관심을 두고 책을 읽을 수 있도록 의도를 가지고 대본을 작성한다. 결말을 언급한다거나 등장인물에 대해 매우 세세하게 쓰게 되면 시청자에게 오히려 책에 관심을 두는 데 방해가 될 수도 있겠다.

촬영 및 영상 장비 준비

제작하려는 영상 형식에 따라 촬영과 편집 장비의 구성도 달라진다. 예를 들어 먼저 독서 대본을 녹음한 음성과 픽사베이 같은 무료 영상과 무료 이미지를 사용한다면 녹음 장비만 있어도 충분하다. 반면에 자신이 찍은 사진과 영상을 포함해 카메라 앞에서 직접 책을 소개한다면 녹음 장비뿐 아니라 카메라와 심지어 조명까지 필요하다. 영상 편집에 자신이 있는 학생이나 선생님이라면 대본을 녹음한 음성에 맞게 무료 이미지와 영상을 사용해서 제작하는 방향을 추천해 드린다.

반대로 편집이 낯선 학생이나 선생님은 많은 편집이 필요로 하지 않도록 하면 좋을 것이다. 휴대전화나 카메라 앞에서 동시에 촬영과 녹음이 되도록 한다. 그래서 나중에 편집할 때 기기에 저장된 영상에 간단한 제목이나 자막을 염두에 두고 책 소개 영상을 제작하는 방향이 적절할 것이다.

녹음하기

학생과 선생님이 원하는 방식에 따라 대본을 자연스럽게 읽으며 녹음하기도 하고, 독서 대본을 토대로 직접 카메라 앞에서 책 소개를 하기도 한다. 평소 쓰고 있는 휴대전화에는 녹음 기능이 있어서 쉽게 이용할 수 있다는 장점이 있다. 여기에 좀 더 좋은 목소리를 담고 싶으면 1~2만 원 대의 핀 마이크를 휴대전화와 연결해서 녹음하면 영상의 질이 한층 높아진다. 카메라도 외부 마이크를 연결할 수 있는 단자가 있다. 카메라 내장 마이크는 매우 먹먹하게 들리기 때문에 카메라로만 녹음을 진행한다면 꼭 외부 마이크를 사용해야 한다.

나는 10만 원대와 20만 원대 콘덴서 마이크 두 대를 두고 상황에

학생이 작성한 독서 대본을 녹음하는 모습

맞게 골라서 녹음하고 있다. 책 소개 영상은 정보를 전달하려는 의도가 절대적이어서 내용을 명확하게 전달하기 위해 녹음이 매우 중요하다. 그래서 녹음 장비에 약간 더 신경을 쓰고, 녹음 과정에서도 나중에 편집 과정을 줄일 수 있도록 여러 번 대본 연습을 하면서 진행하면 좋겠다.

영상 편집하기

그다음은 편집 과정이다. 영상 편집을 하기 위해 현재 다양한 기능과 편의성을 갖춘 편집 앱들이 많다. 비타, 캡컷, 키네마스터, 류마퓨전 LumaFusion, 멸치MELCHI, 다빈치 리졸브, 프리미어 프로, 파이널 컷 등 이외에도 많다. 사용자 수준에 맞는 앱이나 PC용 프로그램을 찾아보고 선정하면 된다. 만약 편집이 다소 어렵게 느껴지는 학생들은 스마트폰에서 손쉽게 쓸 수 있는 앱부터 사용해서 컷 편집 연습을 하면 된다. 기본적인 영상 편집 앱에서 이용 가능한 기본적인 편집은 전문가가 쓰는 PC용 편집 프로그램과 비슷하기 때문에 계속 영상을 제작하다 보면 익숙해진다. 이미 언급했듯이 편집 과정 중에서 배경 음악 선정과 자막도 매우 중요한 요소다. 분위기에 맞는 음악과 자막 스타일을 생각하면서 마무리하면 좋겠다.

공유하기

온전한 영상이 만들어지면 자신이 애용하는 SNS 채널에 영상을 공유하면 된다. 처음에는 왠지 본인 영상이 부끄러울 수도 있다. 나도 처

Tip_ 북튜버로 수익창출하기

책도 읽고, 영상 실력도 기르고, 수익도 얻는 1석 3조 북튜버!
알라디너 TV, 직접 북튜버가 되어 수익도 창출해 보자.

여러분도 손쉽게 수익을 창출하는 북튜버를 바로 시작할 수 있다. 유튜브에서 수익을 창출하기 위해서는 자신이 올린 영상을 다른 사람이 4,000시간 넘게 봐야 하고, 구독자도 1,000명 이상이어야 한다. 절대로 수익을 창출하려고 만든 채널은 아니지만, 육아 관련 콘텐츠를 올렸던 아내는 채널 구독자가 1,000명이 넘었다. 1,000명이나 되는 사람들이 왜 볼품없는 아내의 채널을 구독했는지 아직도 의아하다. 단지 피임과 관련된 정보를 제공하는 영상이 터져서 22만 뷰를 넘었다는 사실이 1,000명이란 문턱을 간신히 넘게 해 주었다. 그런데 아직도 4,000시간을 채우지 못하고 있다. 피임 영상 댓글에는 수많은 호기심과 궁금증을 비롯해 음담패설이 담겨 있어서 아내는 이를 견디지 못해 4,000시간을 채우지 못하고 채널을 비공개로 전환해 놓았다. 그만큼 수익 창출 조건은 먼 나라의 일로만 느껴진다.

그런데 위와 같은 조건이 성립되지 않아도 책 소개 영상을 만들면서 수익도 창출되는 방법이 있다. 나는 실제로 책을 소개하는 채널 '말랑도서관'을 운영하고 있다. 시간이 지날수록 사제동행 동아리, 브이로그, 교육 관련 영상 등 현재 채널이 추구하는 주제가 모호해져 가고 있지만, 원래는 책을 소개하는 채널이었다. 채널을 계속 운영하면서 우리나라 독서 인구가 많지 않아서인지, 아니면 내 콘텐츠가 재미없어서 그런지 조회 수가 많이 나오지는 않는다. 2018년에 서로 '좋아요'를 눌러 주면서 초창기를 함께 시작했던 북튜버들도 현재 많이들 자취를 감추었다. 그래서 초창기 눈에 불을 켜고 달려들었던 나의 의욕은 현재 많이 사라졌다.

그런데 온라인 서점 알라딘에서 2020년부터 책을 소개하는 북튜버를 모집하고 있다. 과정은 복잡하지 않다. 모집에 특별한 자격이나 제한은 없고 신청만 하면 된다. 알라딘 누리집에서 북튜버를 신청하고 책 소개 영상을 제작해서 올려 주면 끝이다. 구독자가 제법 많은 알라디너TV에 영상이 공유되기 때문에 내 채널에 공유되는 영상보다 알라디너TV에 올리면 조회수가 더 나온다. 그리고 좋은 점은 조회 수에 10배에 해당하는 수익을 제공해 준다는 것이다. 올린 영상을 누군가 보고 조회 수가 100회가 된다면 1,000원의 금액을 다음 달 책 살 때 사용 가능한 적립금 형태로 받을 수 있다.

현재까지 책 소개와 책 언박싱 등 18편의 영상을 제작해서 알리디너TV에 공유하고 있다. 최근에는 하도 학교 일에 집중하느라 6개월가량 올리지 못했는데도 꾸준히 월 1,900원 내외의 적립금을 받고 있다. 책을 자주 구매하는 나에게 1,900원 정도 도서를 할인받아 살 수 있는 혜택은 더욱 책을 자주 읽고 도서 리뷰를 많이 하고 싶은 생각이 들게 만드는 데 충분하다.

독서 교육을 강조하는 초등학교에서 학생들에게 북튜버 활동을 권유해 보면 어떨까? 알라디너TV 채널 목록을 살펴보면 초등학생 북튜버가 제작한 영상도 많다. 학교 학생들과 만든 책 소개 영상을 이곳에 올려서 동기부여를 하는 방법도 좋고, 북튜버에 관심이 많은 학생들에게 적극적으로 안내해 주는 것도 좋을 듯하다. 우리 학급에서 운영하는 사제동행 동아리는 현재 북튜버 활동을 진행하고 있다. 학생들이 작성한 수십 편의 독서 대본이 구비되어 있고, 이 중 엄선된 대본은 녹음까지 마친 상태. 물론 바쁜 학교 일정으로 잠시 미루고 있다. 앞으로 공유될 책 소개 영상에 많은 기대를 바란다.

알라디너TV(tv.aladin.co.kr) 메뉴로 들어가면 이와 같은 이미지를 볼 수 있다. 이 이미지를 클릭하고 안내된 절차에 따라 신청하면 된다. 신청이 승인되면 북튜버 활동을 할 수 있고, 활동 시 유의점과 영상 공유하는 법도 누리집에서 제공하는 안내에 따라 진행하면 된다.

도서 리뷰 「나의 하루는 4시 30분에 시작한다」 | 알라디너 TV에 공유한 영상이다. 현재까지 조회수가 500이 넘어서 약 5,000원의 적립금 수입을 얻고 있다. 겸직 신고는 필수다.

음에 그랬다. 이제는 학교 일이 많다 보니 영상을 제작할 시간이 없을 정도로 바빠서 제작할 시간만 있으면 부끄럽든 말든 영상을 공유하려고 한다. 모든 콘텐츠 크리에이터들도 처음에는 이런 상황을 겪었을 것이다. 계속 관심을 가지고 제작해 나가다 보면 실력이 늘게 된다. 자신이 의도하고 표현하고 싶은 콘텐츠를 제작해서 마구 공유하고픈 날이 생기게 된다.

아무튼 책 소개 영상을 공유 후에는 태그나 링크를 친구의 채널이나 학급 밴드에 올려서 반응을 살펴보자. 책에 대한 다채로운 내용과 생각이 오가기도 하고 친구들의 선댓글과 공감 표현도 받기 때문에 북튜버에게 유익할 뿐 아니라 큰 힘이 된다.

Tip_ 주의! 겸직 신고를 해야 하는 이유

나는 알리디너TV와 The-K 크리에이터 활동을 위해 교장선생님께 겸직 신고 허가를 받은 상태다. 수익을 창출하고 있는 유튜브 채널, 블로그나 외부 활동을 하시는 선생님도 겸직 신고가 필수다. 이런 겸직 신고는 스스로 보호하는 차원에서 꼭 해 두어야 한다. 겸직 신고와 허가에 대한 규정은 「국가공무원법」 제64조, 「국가공무원 복무규정」 제26조, 국가공무원 복무 징계 관련 예규에서 참고할 수 있다. 소속 교육청 공문으로 「교원 유튜브 활동 복무 지침」「공무원의 개인 인터넷 방송 활동 지침」이 이미 전달되었으니 영상 채널을 운영하는 선생님은 꼭 참고하길 바란다.

5부 아이들과 함께 만드는 영상 공모전

이제부터는 내가 즐기면서 참가하고 있는 영상 공모전에 관해 이야기하
고자 한다. 영상 공모전이라고 해서 교육과 동떨어진 행사라고 생각하실
분들도 있을 것이다. 학교 안팎에서 대다수는 학생들을 대상으로 하는 그
림, 표어, 글짓기 대회 같은 것들만 교육 관련 공모전이라고 생각한다. 최
근 공모전 분야를 들여다 보면 그림이나 웹툰 같은 그리기 분야, 수필과
독후감 같은 글짓기 분야와 더불어 영상 콘텐츠 분야도 많이 열리고 있
다. 오히려 영상 콘텐츠 분야는 같은 대회의 글쓰기나 그림 등 다른 분야
보다 시상금이 더 많다. 미디어 산업이 크게 성장하고 있기 때문에 당연
한 결과일 수 있겠다. 영상에 관심 있는 선생님이나 학생이라면 꼭 영상
공모전에 지원했으면 하는 바람으로 이야기를 시작하겠다.

'2019 해양안전 콘텐츠 공모전' 시상식 | 학생들과 함께 제작한 해양 안전에 대한
이해를 돕는 영상이 1등 상인 최우수상을 받게 되었다.

30. 영상 공모전은 아직도 블루오션

한 해에도 수많은 공모전이 열린다. 기업이나 공공기관이 자사나 소속 기관을 소개하거나 진행 중인 사업을 홍보하려는 목적에서 공모전을 개최하고 있다. 나는 틈만 나면 공모전 목록들을 찬찬히 들여다 보면서 이 가운데 학생들과 함께 참여할 만한 대회가 있을까 궁리해 본다. 확실히 할 수 있는 대답은 정말 많다는 것이다. 안전 교육, 환경 교육, 학교 폭력 예방, 에너지 절약, 학생 언어문화 개선, 학생 자치 활동, 청소년 흡연 예방, 인성 교육, 양성 평등, 장애 인식 개선 등 더 나열할 수 있지만 너무 많아서 이쯤에서 멈춰야 할 것 같다. 많은 공모전에서 다루고 있는 주제들도 대부분 학교 교육에서 배우는 내용들이다. 초등학교에서 다루는 교과 내용과 창의적 체험에서 다루는 지식만으로도 공모전 주제와 엮어서 충분히 영상으로 표현이 가능하다.

모든 교직원은 업무포털17개 시도 교육청 산하 공무원 업무포털 첫 화면과 K-에듀파인klefedu.gbe.kr에서 각종 대회나 공모전에 대해 확인할 수 있다. 공모전에 관심이 없었던 몇 년 전만 해도 대회 홍보나 공모전이 있는 지조차 몰랐을 정도로 나와는 관련 없다고 생각했지만, 이제는 왕꼼꼼이가 되어 수시로 확인한다. 이 책을 읽고 계신 독자분이라면 조금이나마 영상 제작에 관심이 있을 것이다. 이제부터라도 영상 공모전 알림이나 홍보에 눈도장을 찍고 아이들과 함께 어떻게 하면 즐겁고 뜻깊은 결과물을 제작할 수 있을지 생각해 보는 것도 좋겠다.

나는 업무포털과 K-에듀파인을 통해 공모전 알림을 받기도 하지만, 대부분 '씽굿thinkcontest.com'이라는 누리집에서 현재 진행 중인 공모전을 자세히 알아보고 있다. 씽굿 누리집에는 모든 공모전 소식을 분야

씽굿 누리집. 현재 진행 중인 모든 공모전을 이곳에서 확인할 수 있다.

별, 주최 기관, 응모 대상, 시상 내용 등으로 분류한 사이트로서 직접 공모전을 주관하는 기관의 사이트에 접속하지 않아도 공모 요강과 정보 등을 확인할 수 있다. 관심 있는 공모전을 스크랩해서 따로 모을 수 있기 때문에 여러 공모전을 한꺼번에 준비한다면 접수 기한과 유의사항을 확인할 때 유용하다. 이밖에 '씽유thinkyou.co.kr' '위비티wevity.com' 누리집도 같은 목적으로 운영되고 있다.

영상 공모전 레드오션? 블루오션?

열심히 제작했는데, 수상이 불발되는 경우도 많다. 영상 공모전은 다른 공모전과 다르게 협업 과정을 거치는 종합 예술이기 때문에 어려움이 있다. 그림, 글짓기, 사진, 포스터 등은 학생의 개인 역량에 따라 많이 좌우되는 대회라면, UCC나 영상 공모전은 등장인물, 대본, 촬영, 편집 등 역할이 필요한 작업이다. 더욱이 촬영, 영상, 편집 장비 등도 학생 개인에게는 많은 부담이 될 수 있다. 그래서 UCC나 영상 공모전은 참가하는 데 있어 큰 벽이 존재한다.

2019년 섬마을 학교의 6학년 4명과 함께 공모전을 시작할 때에도 다소 어려움이 있었다. 공모전 유의사항에 쓰인 문구가 움찔하게 만들었는데, 제작한 영상이 저작권에 어긋나지 않아야 하고 위반 시 법에 따른 제재가 있을 경우 본인 책임이라는 유의사항 때문이다. 당시는 저작권에 대한 충분한 교육과 숙지가 없어서 교사인 나조차 제대로 알지 못했다. 저작권에 위배 되지 않도록 관련 자료와 사용법을 이래저래 면밀히 검토한 후에야 본격적으로 공모전 준비를 할 수 있었다. 그러므로 영상 제작을 지도할 교사의 역할이 매우 크다고 할 수 있다.

특히 응모 대상이 학생인 경우에는 사례에 따라 지원자가 많을 수도 있지만, 응모 작품이 많지 않아서 부득이하게 마감 기한을 연장하는 경우도 종종 있다. 더욱이 코로나 이후 비대면 수업이 진행되면서 학교에 아이들이 모이지 못하는 관계로 최근에는 더욱 그렇다. 그런 면에서 영상 공모전이 아직은 넘어야 할 산이 많기도 하지만, 바꿔 보면 블루오션이기도 하다.

그러면 응모 대상이 일반부라면 어떨까? 이 부분도 사례에 따라 다르다. 수상작과 시상금이 많거나 상의 훈격勳格도 장관상이라면 당연히 지원자가 많아 경쟁이 치열해질 수 있다. 그러나 포기는 금물이다. 일반인이라도 접근하기 어려운 주제이긴 하지만, 오히려 교육 현장에 더 적합한 공모전이 많다. 예를 들어 '학교 안전 공모전'의 경우 교직원과 학생들에게 더 강점이 크다.

한 번은 '해양 안전 콘텐츠 공모전'에서 1등인 해양수산부 장관상을 받았는데, 나와 아이들이 시도 때도 없이 이용하면서 느꼈던 선박 안전에 관한 주제였기 때문이다. 도시나 육지에 사는 사람들에게는 다소 생소할 것이다. 게다가 심사위원들에게는 생소한 곳, 즉 섬에 살면서 전하는 이야기가 흥미롭게 다가왔을 수 있을 것이다. 무엇보다 일반부 영상 공모전에서 아이들의 활동 모습과 환한 미소가 나오면 경험상 수상 가능성이 좀 더 높았다. 학교 현장이 그렇다. 매일 수많은 이야기가 탄생하고 아이들의 활동과 환한 미소가 끊임없는 곳이다. 학교 현장에서 제작된 영상은 영상 공모전에서 스토리텔링의 힘만 어느 정도 있다면 언제나 수상 후보가 아닐까 싶다.

이때를 기점으로 내가 본격적으로 영상 공모전에 참가하기 시작했다. 운 좋게도 출품만 하면 거의 입상을 하게 되는 영광을 누렸다. 어쩌면 보이지 않는 벽 때문에 실제 영상 공모전에 지원하는 팀이 적은 탓도 있을 것이다. 또 앞에서 언급했듯이 학교 구성원을 대상으로 이루어지는 공모전은 지원하는 작품이 부족한지, 마감일을 연기하는 경우가 다반사다.

지금은 어떨까? 요즘은 학생들도 쉽게 조작 가능한 편집 앱들이 많은 데다 매체에 자주 노출되는 학생들은 영상 소비자이자 콘텐츠 생산자로서 영상을 많이 만든다. 꿈이 유튜버인 우리 반 학생도 꾸준히 영상을 제작해 올리고 있다. 최근에는 교육부와 시도 교육청에서 주최하고 한국교육총연합회^{한국교총}에서 주관하는 '학생 언어문화 개선 공모전'에 출품했다. 마감 직전에 학생과 함께 후다닥 만든 영상을 출품을 했는데, 2차 대국민 투표에 선정된 작품만 무려 150여 작품이었다. 총열두 작품에 대해서만 시상을 하는데, 경쟁률이 10 대 1을 훌쩍 넘으니 그 열기가 대단하다.

그럼에도 여전히 영상 공모전은 블루오션이라고 생각한다. 학교 현장은 영상 공모전에서 요구하는 취지의 다채로운 활동이 매일 일어나는 곳이다. 안전 교육, 인성 교육, 양성 평등 교육, 학교 폭력 예방 교육, 장애인 인식 개선, 다문화 교육, 에너지 절약 교육, 환경 보호, 코로나 방역, 민주주의 등 학교는 학생들을 올바른 민주 시민으로 기르는 곳이기 때문이다. 공모전에 담을 소재가 넘쳐나는 곳이 바로 학교 현장이다.

내일의 민주 시민이 될 학생들이 들려 주는 이야기는 큰 강점이다. 아이들의 관점에서 사회 현상을 바라보고 자신의 본분에 맞게 교육을 받으면서 실천하는 야무진 모습에 누구나 감동하게 된다. 다만 영상 제작 자체가 협업이 이루어져야 하는 작업이므로 아이들을 이해하고 영상으로 이야기를 엮는 지도교사의 역할이 가장 크다. 편집 과정이 힘들긴 하지만 좋은 작품으로 학생들과 기분 좋은 평생 추억을 남기고 싶다면 영상 공모전에 대한 도전을 강권한다.

31. 얘들아, 우리 UCC 공모전 도전해 볼까?

영상 공모전 어떤 과정으로 제작하는지 그리고 유의사항은 무엇인지 내 경험을 토대로 이야기해 보도록 하겠다.

공모전 참여를 위한 사전 준비

아이들과 반에서 본격적으로 영상을 제작하려면 먼저 초상권 동의서를 받아야 한다. 매년 3월 초 학교에서 가정통신문으로 배부할 때 개인정보동의서와 함께 초상권사용동의서도 함께 보내면 좋다. 동의서의 규격화된 양식은 없지만 1년 동안 반에서 ① 사제동행 영상 제작 동아리 운영, ② 영상 공모전 출품, ③ 학급 밴드 공유 등 영상을 제작하고 공유하는 이유를 진술하게 적어서 보내면 된다. 학생 수가 적은 학교여서 그런지 다행히도 아직까지는 동의하지 않는 부모님은 없었다. 그래서 학급에 있는 모든 학생이 즐겁게 영상 제작에 참여할 수 있게 되었다.

동의서를 받고 나면 곧바로 학급에서 촬영한 학생들의 영상을 학급 밴드에 공유한다. 그러면 동의한 학부모님들은 내가 동의서를 받으려고 한 의도를 정확히 이해하게 된다. 다만 학부모들에게 동의서를 받았다고 해도 학생들에게도 동의를 구해야 한다. 즐거운 추억을 남기고, 영상 공모전에서 상금을 타게 된다면 라면 파티를 할 예정이라고 하면 아이들 모두 대찬성하게 된다.

나는 평소에도 항상 카메라를 소지하고 영상을 찍는다. 지금은 영상 촬영에 대해 학생들 모두가 익숙하지만, 카메라에 다소 거부감이 있는 학생이 있다면 3월 한 달간은 되도록 찍지 않는 것이 좋다. 학생들의 모습이 담긴 영상을 이쁘게 영상 에세이 형식으로 학급 밴드에 꾸준히 올리게 되면 점점 카메라에 대한 거부감이 없어지고 나중에는 더 많이 찍어달라고 조르는 친구도 생긴다.

다양한 교육 활동을 기록으로 남길 때는 휴대전화로 사진 촬영하는 경우가 많은데, 사진도 좋지만 되도록 영상으로 남기는 습관을 들이면 나중에 영상으로 활용할 수 있는 범위가 늘어난다. 일단 학교 교육 설명회에서 교육 활동 영상을 학부모들에게 보여드릴 때 사진보다는 영상이 더욱 생동감을 주게 된다. 또 영상 공모전에서 영상 소스로 활용하기도 쉽고, 졸업 영상을 만들 때도 마찬가지다. 특히 쉬는 시간이나 점심시간, 또는 외부 강사가 와서 수업을 진행할 때 학생들의 웃는 표정을 담아내는 것도 매우 좋다. 지금은 마스크를 써서 보기 어려워졌지만, 학생들의 웃음만큼 만병통치약이 없다. 영상 공모전을 위해 사용하기 가장 좋은 영상 소스다. 이런 영상을 밴드에 올리면 학부모들도 매우 좋아하고, 어떤 교육 영상을 제작하든 다양하게 사용할 수 있다. 무엇보다 아이들의 웃는 영상을 편집할 때면 나도 모르게 아빠 미소를 짓게 할 만큼 편집 과정을 즐겁게 한다.

쉬는 시간과 점심시간, 또 수업에 방해되지 않는 한 카메라를 항상 소지해서 언제든 학생들의 유의미한 모습을 촬영할 수 있도록 하는 것이 좋다. 반면 목적에 맞는 영상을 제작하기 위해 등장 배우와 대본이 있는 경우에는 교사와 학생 간 필요한 사항과 알아야 할 사항을 사전에 공유한다. 그에 따라 촬영과 녹음을 진행하고 학생과 교사가 의도한 방향으로 편집을 하면 되겠다.

어떤 공모전에 도전해 볼까?

학생들과 함께 도전해 볼 공모전을 고를 때 경험자로서 도전하기 좋은 공모전과 유의해야 할 공모전을 설명해 보려고 한다. 첫 번째는 공모 주제가 교사와 학생들에게 적합하다 싶은 공모전을 관심 있게 살펴본다. '인성 교육 실천 사례 연구대회'를 준비해 본 선생님들은 인성 교육과 관련한 공모전에 자연스럽게 관심 갖게 된다. 이미 언급했

'2020년 자전거 이용 활성화를 위한 사진 UCC 공모전' 장려상 수상작인 「안전 가득, 건강 가득, 행복 가득한 자전거 이용」. 자전거는 내가 가장 관심을 가지고 좋아하는 취미다. 관심 분야와 맞닿은 공모전은 준비 과정과 작업 과정 모두 즐겁다.

지만, '2019년 해양 안전 콘텐츠 공모전'의 요강을 보고 '이거다!' 하고 자신 있게 준비와 제작에 임했다. 공모 주제인 해양 안전이 평소 섬마을 학생들이 선박을 이용할 때마다 늘 지키는 내용들을 소개하면 되겠다고 생각했다.

결국 좋은 결과를 얻게 되었다. 또 개인적으로 자전거로 국내 여행을 즐기고 유럽과 중동을 두 바퀴에 의지해 여행을 할 정도로 평소에도 자전거에 관심이 많았다. '2020년 자전거 이용 활성화를 위한 사진 UCC 공모전' 요강을 보았을 때에도 주저함이 없었다. 여행 당시 안전하게 자전거를 이용하면서 누렸던 감동을 표현한 작품은 장려상인 행정안전부 장관상을 받게 되었다.

두 번째는 입상작이 많은 대회를 선정한다. 영상 공모전은 규모에 따라 총상금이 2,000~3,000만 원부터 100만 원 미만인 공모전까지 다양한다. 처음 공모전에 응모하는 사람이 최우수상 하나, 우수상 하나, 장려상 하나로 총 세 작품을 선정하는 대회에 참가한다면 입상 가능성이 클까? 당연히 매우 낮다. 학생들을 지도해 보면 알겠지만, 성공 경험이 있어야 다음 단계도 꾸준히 도전하게 만드는 데 큰 힘이 된다. 입상이 적은 공모전에 응모하는 것은 실패에 대한 두려움을 줄 수 있다는 점에서 처음에는 피하는 것이 좋다.

좋은 사례가 있다. 작년에 '서울 랜선 여행 영상 공모전'의 요강을 보자마자 지원했다. 서울을 소개하는 주제로 시상 내역이 1등 1명, 2등 2명, 3등 3명, 장려상이 무려 40명이나 되는 대회였다. 코로나 상황으로 지원자 모집에 힘들었는지 기간도 연장되었다. 결과는 어땠을까? 나는 장려상을 받을 수 있었다. 이전에도 여행 공모전에 몇 차례 지원해 본 경험이 있지만 대부분 고배를 마셨다. 다른 지원자들의 영상에는 드론을 이용한 항공 샷도 많을 뿐 아니라 전문가급의 영상 편집자들이 자주 지원하는 공모전이 바로 여행 공모전이기 때문이다.

내가 상을 타게 된 이유는 단지 입상하는 숫자가 많기 때문이라고 생각한다. 요즘도 이런 성공 경험을 발판삼아 여행 영상을 자주 촬영하면서 영상 소스를 늘려가고 있다. 영상공모전에 처음 도전하는 선생님들은 이 점을 유의해서 아이들과 차곡차곡 성공 경험을 늘려가면 좋겠다.

공모전 작품 제작하기

제작에 앞서 공모전의 요강을 자세히 읽어 보고 주제에 딱 맞는 대본을 구상해 본다. 영상 공모전은 대부분 1~3분 내외가 많으므로 A4 용지 반 장 정도 분량으로 대본을 교사와 학생이 서로 협의해서 쓴다. 학생과 교사가 함께 지원하는 일반인 대상 공모전인 경우에는 내가 대본에 더 신경을 쓰기도 한다. 대본은 편안한 말로 자연스럽게 발음할 수 있도록 쓰는 것이 가장 좋고, 녹음은 학생과 교사가 따로따로 녹음하되 분위기에 맞게 편집해서 쓰면 된다. 녹음이 마무리되면 대본에 맞춰 생각한 스토리보드로 촬영을 시작한다. 1~3분 내외의 길이를 요구하는 공모전이 많아서 촬영도 길지 않게 끝난다. 다만 한 장면을 촬영할 때 다양한 각도에서 여러 번 촬영하고, 촬영 전후의 영상 길이를 생각하면서 여유 있게 5초 이상 촬영을 더 해 준다. 녹음과 촬영 영상 클립을 영상 편집 과정에서 맛있게 요리하면 된다.

영상 공모전에서 좋은 결과를 받은 작품을 보면 하나씩 기억할 만한 임팩트가 있다. 영상 속 반전 내용이 임팩트가 되기도 하고, 등장인물의 명품 연기일 수도 있다. 혹은 마지막에 나타난 문구나 표어, 등장인물의 환한 미소도 임팩트가 될 수 있다. 무언가 심사위원의 마음을 움직이는, 그런 핵심을 꿰뚫는 통찰력을 생각하며 영상을 마무리하면 좋겠다.

공모전에 작품 제출하기

공모전에 출품할 영상을 만들고 나면 다시 공모 요강을 찬찬히 살펴보도록 한다. 영상 규격, 영상 파일 용량, 파일명에 대한 규정까지 명확히 제한을 두는 경우가 있으므로 하나라도 놓친다면 심사에서 아예 배제되는, 생각하기도 싫은 사태가 일어날 수 있다. 학생들과 열심히 만든 작품이 심사도 못 해 보고 탈락하는 경우를 방지하기 위해 꼼꼼히 살펴보면 좋겠다.

최근에 1분 이하의 영상 길이에 영상 용량도 30MB^{메가바이트} 이하로 요구하는 공모전이 있었다. 보통 이렇게 작은 규격을 요구하는 경우가 없었기에 300MB를 잘못 표기했다고 생각했다. 항상 나는 좋은 영상을 출품하기 위해 고품질의 영상으로 출력을 해 왔다. 1분이면 보통 300~500MB 정도의 파일 크기로 제출했다. 그래서 300MB 크기로 파일을 보내고 나서 곰곰이 생각해 보니 아무래도 30MB가 맞을 것 같다는 예감이 들었다. 결국 마감 시간 20분 전에 파일 사이즈를 줄여서 다시 보냈다.

'학생 언어문화 개선 공모전'의 경우, 출품 영상에 상표가 드러나지 않아야 한다는 규정이 있다는 것을 출품 바로 전에야 알게 되었다. 영상 속 학생이 유명한 스포츠 메이커의 옷을 입고 촬영한 장면을 삭제 후 다시 촬영하고 편집해야만 했다. 또 음원의 출처를 영상 크레디트에 요구하기도 한다. 그래서 항상 꼼꼼하게 유의사항을 살펴야 다시 일하는 수고를 덜 수 있다.

그밖에 공모전마다 주관 기관의 양식에 따라 개인정보동의서와 초상권사용동의서를 요구하기도 한다. 촬영할 때 미리 두 가지에 대해 동의하는 친구들로 촬영을 하면 된다. 만 14세 미만 학생의 경우 학부모의 동의가 있어야 하므로 마감 시간에 쫓기지 않게 관련 미리 서류를 제출하도록 학생들에게 부탁해야 한다.

공모전 작품을 공모전이나 대회 누리집에서 제출하는 경우가 있고, SNS 채널에 영상을 올리고 영상 링크를 제출하는 경우도 있다. SNS 채널이 없다면 미리 만들어 놓는 것도 좋겠다. 내가 참가한 영상 공모전 중에는 SNS 채널 주소를 기입하는 칸이 있는데, 주최 측에서 그동안 제작한 영상들을 살펴보기도 한다. 서포터즈나 크리에이터, 1인 미디어 양성 과정 지원자 모집 때에도 운영 중인 SNS 채널을 참고해서 선발하는 경우도 많으니 SNS 채널이 없다면 미리 개설할 것을 추천한다. 본인 소유의 채널은 있지만 잘 관리하고 있지 않았다면 지금부터라도 즐겁게 활동하면 좋겠다.

또 누리집에서 제출한 경우에는 영상 작품에 대한 설명과 파일 업로드 등을 해야 한다. 마감 시한이 다가올수록 서버 과부하로 오류가 나는 경우도 있다. 누리집에서 전송했는데 오류가 날 경우 다시 처음부터 관련 서류와 파일을 올려야 하는 불상사가 생기기도 한다. 나 또한 마감 10분 전에 영상 작품에 대한 설명을 가득 채워 작성하고 영상도 겨우 업로드를 했는데, 업로드 실패로 작성 데이터가 날아간 경험이 있다. 다시 작성하고 업로드하려고 보니 마감 시간이 지나서 결국 영상을 애써 만들고도 지원하지 못하는 아픈 경험이 있다. 마감 기일이 다가오기 전에 여유 있게 출품하면 좋겠다.

32. 폰트 저작권을 명심하자

글씨를 잘 써라

2018년 늦봄, 아버지가 간암으로 하늘로 돌아가셨다. 아버지가 돌아가시기 2달 전에 온전한 정신으로 내게 건넨 말이 있는데, "글씨를 잘 써라"였다. 아버지가 평소 아끼시던 볼펜도 그때 건네받았다. 아버지는 생전에 평소 아들의 필체가 많이 부족해서 안타까웠나 보다. 지방에 있는 대학교를 다니던 시절, 서울 본가에는 방학 때마다 들렀다. 학기 중에 필기한 노트를 가져오면 아버지는 노트들을 책장에 정리해 주셨는데, 그때 내게 줄 볼펜과 함께 글씨를 잘 썼으면 하는 바람을 생각해 두셨던 모양이다.

학생들을 가르치다 보면 각양각색의 필체가 눈에 담긴다. 지렁이와 큰 뱀이 지나가는 노트를 보노라면 인상이 찌푸려지기도 하고, 무슨 글씨인지 알 수 없어서 한참을 들여다보기도 한다. 숙제하기가 얼마나 싫었는지 심지어 숙제를 낸 내가 미안해지는 느낌도 간혹 들었다. 그 와중에 한 글자 한 글자 정자로 또박또박 써 내려간 노트를 보면 왠지 어둠으로 둘러싸인 터널을 지나다가 빛이 한 점으로 모여든 바깥으로 홀가분하게 빠져나가는 기분이 들어 마냥 마음이 산뜻해진다.

우리는 수많은 정보를 글이라는 매개를 통해 받아들이고 전달한다. 그런데 글씨가 좀처럼 마음에 들지 않으면 정보 전달에 있어서도 어려움을 느끼게 된다. 아버지와 내가 느낀 그런 감정이랄까? 그래서 손글씨에 의존했던 시대에는 명필가에 대한 칭송이 자자했던 이유가 그 때문이 아닐까 하는 생각이 든다. 수많은 미디어에 둘러싸인 오늘날에도 시각적인 정보가 많지만, 여전히 문자는 중요한 정보 전달 수단이다. 영상에서도 이미지와 함께 텍스트로 전하는 정보는 시청자에게 주제와 의도를 전달하는 데 있어 매우 중요하다. 특히 광고처럼 짧은 시간에 효과적으로 물건을 홍보하기 위해서는 머리에 각인될 만한 자막이나 글씨도 고려해야 한다.

주의해야 할 폰트 저작권

먼저 알아야 할 것은 글씨체 또는 폰트에도 저작권이 존재한다는 사실이다. 대개는 사람들이 자주 사용하는 무료 글씨체를 사용한다. 간혹 한 달 무료 이용 후 유료로 바뀌는 글씨체도 있다. 나중에 사용료를 내야 하는 경우가 있으니 마음에 드는 글씨체가 있다면 반드시 사용 조건을 미리 잘 읽어 보아야 한다. 또 무료로 사용할 순 있으되, 사용 출처를 남겨야 하는 글씨체도 있다.

이럴 때 가장 좋은 방법은 공유마당이나 눈누noonnu.cc 누리집을 이용하는 것이다. 특히 공유마당 누리집에서는 무료 배포 글씨체^{안심}글꼴를 한 번에 내려받을 수 있어서 하나하나 찾기 귀찮을 때 참고하기 좋다. 눈누 누리집도 무료 사용 가능한 글씨체를 모아놓은 곳이다. 직접 글씨체를 적어볼 수 있어서 선택한 글씨체가 영상에서 어떤 분위기를 풍길지 미리 예상해 볼 수 있다. 다만 글씨체의 사용 범위를 반드시 참고해야 한다. 이 두 누리집만 잘 사용하면 저작권 문제없이 주제와 의도가 잘 드러나는 글씨체를 선택해 영상을 만들 수 있다.

가독성 있는 글씨 사용

　선생님들이 만든 영상을 보면 열심히 찍은 영상에 비해 사용된 폰트나 자막은 신경을 덜 쓴 경우가 종종 있다. 영상과 분위기는 진지한데, 자막은 산뜻하고 귀여운 글씨체이거나 예능에서나 볼 법한 자막을 사용하는 경우도 있고, 심지어 영상 편집 프로그램의 기본 서체로 처음부터 끝까지 사용하는 영상도 있다. 이외에도 글씨가 매우 커서 화면과 글이 따로 노는 영상, 자간과 글줄 간격을 기본 설정으로 작업해서 가독성이 떨어지는 영상도 있다.

　이럴 때 좋은 처방은 많은 참고 영상_{광고, TV 예능 등}을 시청하는 것이다. 그리고 그 영상이 추구하는 스타일을 보고 사용된 폰트와 자막 스타일이 내가 만들려는 영상과 목적에 부합한다는 생각이 들면 무조건 따라 해 보는 것이다. 글씨체는 무엇을 썼고 자간과 행간은 어느 정도인지, 글자색과 윤곽선, 그림자 등도 머릿속에 저장해 둔다. 자막 위치가 어디인지도 기억해 둔다. 그리고 영상을 만들면서 똑같이, 그리고 조금씩 다르게 적용하면서 자신만의 스타일을 완성해 나가는 것이다. 시간이 지나면 즐겨 찾는 글씨체도 생기게 되고, 영상 화면과 분위기 만으로도 가상의 글씨와 구도가 눈에 떠오르게 되는 경지가 언젠가 올 것이다.

33. 클릭을 부르는 영상 섬네일 만들기

2018년에 나는 생애 첫 영상을 유튜브 채널에 올렸다. 많은 사람이 이 영상을 보는 것이 부끄러워서 영상 섬네일Thumbnail은 신경 쓰지도 못했다. 조회 수가 하나씩 올라갈수록 긴장되던 시절이었다. 몇 달이 지나도 조회 수가 10회를 넘기지 못했다. 그래서 부끄러우면 왜 영상을 올리느냐는 주위의 말을 조언 삼아 적극적으로 조회 수 올리는 방법을 고민하기 시작했다. 그중 신경을 써야 할 것이 바로 영상 섬네일이었다. 이것을 안 이후로 매번 어떻게 하면 사람들의 시선을 끌지를 고민하고 제목을 정한 뒤 어떤 이미지로 섬네일을 꾸밀지도 궁리했다.

영상 섬네일은 만든 작품의 표지 역할을 한다. 책을 예로 들자면 표지가 독자들의 눈에 띄거나 쓰인 문구가 마음에 와닿아야 관심을 보이고 내용을 훑어보게 된다. 영상 섬네일도 마찬가지다. 섬네일의 디자인과 문구가 이목을 끈다면 당연히 많은 사람들이 그 영상을 보려 할 것이다. 공모전 대회 누리집에서 영상을 제출하는 경우에는 섬네일까지 만들 필요가 없다. 다만 자신의 SNS 채널에 공모전 작품을 올리는 경우에는 영상 섬네일에도 신경을 써야 한다.

예전에는 동영상을 만들고 나면 이제 끝났다 싶었는데, 섬네일을 만들기 위해 포토샵 프로그램을 열고 작업해야 하는 상황에 허탈해지기도 했다. 오랜 시간에 걸쳐 고된 작업을 통해 영상을 만들고 나서 또 포토샵에서 그림과 문자를 선택해서 소위 영상의 표지를 만들어야 하는 작업이 비전문가에게는 쉽지 않은 작업이기 때문이다. 그래서 영상 섬네일 작업 때마다 기운이 확 빠지는 경우가 많았다.

미리캔버스를 이용한 섬네일 만들기

그러면 요즘에는 어떻게 영상 섬네일을 만들고 있을까? 지금은 미리캔버스miricanvas.com 누리집을 애용한다. 교육 영상 연수에서 빼놓지 않고 언급되는 누리집이다. 전문적인 느낌이 나고 멋진 스타일의 영상 섬네일을 만들기 위해서는 대부분 포토샵과 일러스트레이터를 사용했다. 다만 작업하는 데 많은 시간이 걸리고 기본적으로 전문가용 프로그램을 사용하기 위해서는 어느 정도 배워야 하는 등 사용하는 데에는 벽이 있었다. 이에 비해 미리캔버스 누리집은 다양한 프리셋preset, 응용 소프트웨어에서 자동으로 할당되는 설정을 제공하고, 조작 방법이 쉬우면서도 전문가가 만든 것 같은 디자인을 완성해 준다. 게다가 무료로 이용할 수 있다는 큰 장점이 있다.

미리캔버스의 사용 방법은 파워포인트처럼 매우 간단하다. 메뉴에서 안내된 '유튜브 영상 섬네일'을 클릭하면 프리셋에 따라

1280x720p의 해상도에 맞춰 여러 템플릿을 보여 준다. 템플릿을 살펴보다가 제작한 영상의 분위기와 맞는 디자인을 발견하면 선택하고 자막과 배경을 수정하여 자신만의 영상 섬네일을 만들 수 있다. 배경은 본인이 제작한 영상 가운데 캡처한 이미지를 사용해서 섬네일에 활용한다. 캡처 화면은 제목이나 주제에 맞는 이미지이거나 한 번 보면 영상을 클릭하게 만들 수 있도록 임팩트 있는 것으로 하면 더욱 좋다. 백문이 불여일견이라고 미리캔버스 누리집에 한 번 둘러보고 직접 만들어 보라. 여러 번 만들다 보면 나만의 스타일을 완성하게 될 것이다.

미리캔버스에서 만든 영상 섬네일 중 일부. 미리캔버스는 다양한 템플릿을 제공해 주기 때문에 이용자들이 쉽게 영상 섬네일을 제작할 수 있다.

34. 영상 파일 백업과 관리

영상 파일과 폴더 관리

그동안 열심히 촬영하고 편집했던 파일이 한순간에 먹통이 되었다. 사실 시도 때도 없이 영상 촬영 버튼을 누르다 보면 용량도 문제지만, 파일 정리와 분류도 힘든 일이다. 일일이 분류하기 귀찮아서 카메라에 자동생성된 날짜 폴더대로 파일을 관리해 왔다. 그런데 원하는 장면을 촬영한 기억은 나지만 막상 찾으려고 하면 어디에 있는지 도통 알 수 없는 사태가 자주 발생한다. 그러므로 할 수 있다면 촬영 영상은 그날 분류하고 카테고리별로 묶어 두는 것이 좋다.

나는 카메라가 날짜별로 만든 폴더를 그대로 사용하는 편인데, 폴더명 옆에 무슨 내용이 담겼는지 설명을 파일명에 적어 둔다. 예를 들어, 9월 13일에 체육 활동, 자치 활동, 미술 시간에 촬영한 영상이 있다면 '2021_9_13_체육_자치_미술'로 적어 놓는다. 날짜는 저절로 설정되기 때문에 영상을 훑어보고 공통된 활동을 단어로 적은 것이다. 그리고 많이 활용할 소스 영상은 따로 복사해서 폴더 관리를 한다. 공모전에서 많이 활용하는 '웃음' '드론' '바다 풍경' 폴더에는 각각 학생들의 웃는 모습이 담긴 영상 소스, 드론으로 촬영한 영상 소스, 바다를 배경으로 촬영한 영상 소스들이 담겨 있다. 최근에는 졸업 영상 폴더를 만들어서 시간이 날 때마다 적절한 영상 소스를 복사해 두고 있다.

영상 파일과 폴더 관리에는 정답이 없다. 영상이나 사진을 많이 찍는 선생님들에게 물어 보면 저마다 자신에게 적절한 방식이 있다. 폴더 관리는 원하는 소스 영상이 어디에 있는지 빠르게 찾는 데 있으므로 나중에 폴더명만 봐도 무슨 영상인지 인식할 수 있도록 하는 것이 가장 좋은 방법이다.

백업이 필요한 이유

최근 외장 하드가 인식되지 않아 애먹은 경험이 있다. 4TB를 가득 채우고 새 외장 하드를 구입해서 막 쓰려고 했던 시기여서 기존 4TB 용량의 외장 하드에는 일 년 넘게 모아 놓은 사진, 영상 그리고 가장 중요한 추억까지 빼곡히 저장되어 있었다. 그런데 외장 하드가 말을 듣지 않으니 좀 달래서 내일 연결해 보자 했는데, 내일과 그다음 날에도 외장 하드는 영원히 잠들어 버렸다.

우선 온갖 외장 하드 인식이 안 되는 사례를 인터넷에서 검색해 보았다. 내 외장 하드의 증상은 수십만 원의 수리비가 요구되는 심각한 사례였다. 지역을 마다하지 않고 후기가 좋은 업체에 연락해서 외장 하드 수리를 맡겼다. 복구할 시 대략 50만 원 정도의 비용이 청구될 수 있고 사나흘이면 된다던 수리가 두 주가 지나서도 소식이 없더니, 급

기야 복구 불가 판정을 받았다.

　이런 사태를 겪고 나서야 파일 관리, 즉 백업 관리를 철저히 해야 한다는 교훈을 배웠다. 전문 영상 편집자들은 대부분 2개 또는 중요한 영상은 3개 이상의 저장 매체에 백업하여 관리한다고 한다. 지금까지 외장 하드가 고장이 날 것이라는 생각은 전혀 하지 않았고, 당연히 백업도 전혀 신경 쓰지 않았다. 1년 남짓 여러 장소에서 카메라를 들고 촬영한 영상들, 편집한 작업물들, 제자들과의 추억, 아내와의 추억 등 이 모든 것이 말끔히 사라진 큰 상처였지만, 인생을 살아가는 데 큰 교훈을 얻었다.

파일 백업과 관리 방법

　이제는 외장 하드도 큰 용량4TB보다 좀 더 작은 용량1TB 단위로 쓰고 있다. 영상 백업용 외장 하드를 추가로 구매했고, 틈틈이 중요한 영상을 백업하고 있다. 한편 고프로에서는 연간 결제로 그리 부담되지 않는 금액 내에서 무제한으로 영상 파일을 업로드할 수 있는 클라우드를 제공하고 있다. 처음에는 고프로 장비에서 촬영된 영상만이라도 클라우드에 저장하려고 구독했다. 그런데 이게 웬 떡인가? 소니 카메라와 오즈모 포켓에서 촬영한 사진과 영상도 고프로 클라우드에 업로드할 수 있다. 모든 파일을 외장 하드와 함께 잃어 버린 후로는 모든 사진과 영상을 이곳에 백업하고 있다.

　다만 분류 기준이 영상이 캡처된 날짜 형식이나 최근 업로드 순으로 표현되어 영상을 찾는 데 다소 오래 걸리는 단점이 있다. 폴더 형식으로 관리할 수 있다면 금상첨화이겠지만, 그럼에도 영상을 안전하게 보관할 수 있으면서도 가성비와 무제한 업로드가 가능하다는 이점이 더 크다. 고프로 카메라를 보유하고 있으며, 늘 백업 문제로 고민하는 분이라면 이 방법을 추천한다.

.

교육방송 연구대회

현직 교사로서 영상 제작에 관심이 있다면 'EBS 교육방송 연구대회'에 도전해 보기를 추천한다. 내가 초임 때만 해도 'EBS 교육방송 연구대회'는 전문가들만 지원하는 신의 영역이었다. 최근에는 영상 제작에 많은 교사들이 관심을 가지고 배우면서 'EBS 교육방송 연구대회' 지원자도 늘어나고 있다. 그래서 'EBS 교육방송 연구대회'가 어떤 대회인지 소개하고 몇 가지 팁을 전하고자 한다.

'EBS 교육방송 연구대회'는 시도 교육청별로 지역 예선이 치러지고, 지역에서 1~3등급 수상자에게는 전국대회에 출품할 기회가 주어진다. 'EBS 교육방송 연구대회'는 두 부문이 있는데, 하나는 콘텐츠 활용 부문이고 다른 하나는 클립형 학습 자료 부문이다. 콘텐츠 활용 부문은 연구 사례를 보고서 형식으로 제출하는 형태이지만, 클립형 학습 자료는 7분 이내에 온전한 배움의 과정이 담긴 영상을 제작하는 분야다. 영상 제작에 관심 있는 교원이라면 클립형 학습 자료 부문에 지원해 보길 바란다.

클립형 학습 자료 부문은 다른 연구대회에 비해 보고서 양식이 매우 간단하다. 2020년에 치러진 전국대회의 수상자들의 보고서를 보면 대부분 한두 장 내외로 작성되어 있다. 심사위원들이 제작된 영상 위주로 평가하기 때문이다.

연구대회에 참가하기 위해 계획서를 작성하고 제출하게 되는데, 시도 교육청별로 상이하지만 내가 속한 교육청은 4월에 모집한다. 그리고 얼마 지나지 않아 연구대회 작품과 보고서 제출 명단에 포함되었다는 공문을 받게 된다. 완성된 작품의 제출일은 8월 말이나 9월 초로 4개월 정도의 제작 기간이 주어진다. 원격 수업 동영상을 만들어 보았다면 알겠지만 7분은 온전한 교육 내용을 소개부터 적용까지 담기에는 짧은 시간이다.

그런데 영상으로 엮어 만들고 편집하다 보면 7분이 매우 길게 느껴지기도 한다. 그래도 제작 기간이 충분한 만큼 선생님들의 역량에 맞게 7분을 채우면 된다. 그리고 영상을 소개하는 작품 설명서를 한두 장 내외로 간단하게 작성하면 된다.

과정은 다른 연구대회보다 쉽게 보이지만 엄연히 연구대회이고 출품작 중 40퍼센트만 입상할 수 있는 대회다. 4개월간 온갖 노력을 쏟아붓고 제작에 심혈을 기울이는 선생님도 계신다. 그러나 나는 한번에 몰아서 영상을 제작하는 스타일이다 보니 그런 분을 이길 순 없을 것이다. 내가 속한 교육청은 2021년 'EBS 교육방송 연구대회'에 31개의 계획서가 제출되었다. 최종 작품까지 제출된 것은 17건으로 14명이나 제출하지 못한 것으로 볼 때 과정 자체에도 난이도가 있는 편이다. 결국 최종 작품에서는 40퍼센트인 단 6명만 등급 표창을 받게 된다. 다행히 내가 제출한 작품도 운 좋게 포함되었다.

심사 기준과 주제 선정

아직 'EBS 교육방송 연구대회'가 생소하다면 이전의 기입상작home. ebs.co.kr/study을 참고하는 것만으로도 도움이 된다. 먼저 1등급을 받은 영상부터 보기보다 3등급부터 보면서 무엇이 나아졌는지 비교해 볼 것을 추천해 드린다. 또 기입상작을 볼 때에도 연구대회 요강을 꼼꼼히 따지면서 관찰해 보라. 작품들을 하나씩 보면서 요강에 명시된 심사 기준에 따라 점수를 매겨보면 장차 주제를 선정하고 계획을 세울 때 큰 도움이 된다. 입상작을 선별하는 심사 기준에 중점을 두어 살펴보겠다.

클립형 영상 학습 자료 부문 심사 기준

작품 내용 (35%)
- 참신성 (주제 및 소재)
- 학생의 수준을 배려한 구성
- 교육과정과의 연계
- 소재 및 분량의 적절성

제작 방법 (30%)
- 영상과 음향의 적절한 품질
- 제작 과정의 참신성
- 영상 제작 동영상과의 일치도

현장 적용 가능성 (35%)
- 작품의 교육적 활용 가치
- 일반화 가능성

심사는 작품 내용, 제작 방법, 현장 적용 가능성 등 3가지 관점에서 작품을 평가한다. 작품 내용과 현장 적용 가능성은 연구대회 출품 계획을 세울 때 신경 써야 하는 부분으로 영상 학습 자료의 핵심이다. 제작 방법은 작품 내용과 현장 적용 가능성에 딱 들어맞는 옷을 입히는 과정이라고 보면 된다. 작품 내용과 현장 적용 가능성을 구상할 때 가장 중요한 것은 주제 선정이다. 주제 선정이 잘 이루어지면 작품 내용과 적용 가능성은 바늘에 실 가듯 자연스럽게 어우러질 것이다. 주제는 무엇보다도 참신해야 한다. 기입상작과 되도록 중복되지 않아야 하며, 중복 주제라도 기존 작품을 보완하거나 참신한 내용이 추가된 영상이어야 한다. 주제가 교육과정과 연계되는 부분과 교육적 활용 가치에 대해서도 꼼꼼히 따져야 한다.

나는 제29회 'EBS 교육방송 연구대회'에서 「나는야 북크리에이터(북튜버)!」라는 제목으로 북크레이터, 즉 북튜버에 대한 주제로 작품을 출품했다. 내가 출품한 작품의 설명서를 참고하면서 심사 기준에 잘 부합하는지 함께 들여다 보자.

제29회 'EBS 교육방송 연구대회'에서 전국대회 3등급작인 「나는야 북크리에이터(북튜버)!」. 독서 교육과 콘텐츠 크리에이터를 소재로 북크리에이터라는 주제로 제작한 작품이다.

제29회 'EBS 교육방송 연구대회' 작품 설명서

주제 : 나는야, 북크리에이터(북튜버)!

1. 제작 동기

가. 초등학생 희망 직업 순위 조사 결과, 콘텐츠 크리에이터는 2018년 5위, 2019년 3위, 2020년 4위로 매년 상위 5위 안에 드는 직업으로 조사됨. 이처럼 초등학생에게 친근하고 관심이 많은 크리에이터에 대해 독서와 교육과정을 연계하여 직접 체험하고자 함.

나. 온라인 플랫폼의 장점 및 학생들의 관심과 더불어 교육 현장에서 학생들에게 가장 권장하고 있는 '독서' 콘텐츠를 접목하여 학생들에게 즐거운 독서 생활을 할 수 있도록 북크리에이터(Book Creator)가 되어 보는 도움 영상 자료를 제공하려는 목적임.

다. 학생들은 직접 북크리에이터(북튜버)가 되어 독서를 단순히 읽는 소비자가 아니라 책을 소개하고 느낀 점을 공유하는 생산자로서 참여하게 됨. 또한 이러한 활동은 참여적인 미디어 환경에 부합하고, 교육과정에서 국어 영역(듣기·말하기, 읽기, 쓰기, 문학), 음악 영역(생활화), 미술 영역(체험, 표현), 실과 영역(기술 활용: 일과 직업의 세계, 자기 이해)뿐 아니라 범교과 교육(미디어 리터러시, 저작권 교육)에서도 다양하게 적용 가능함.

2. 제작 내용

가. 창의적인 면

1) 영상 도입에서 실제 학생이 북크리에이터 체험으로 제작한 영상을 배치함으로써 시청자에게 북크리에이터가 무엇인지에 대한 단서뿐 아니라 호기심을 주도록 함.

2) 실제 '충남독서대전 공모전' 북트레일러 부문, '전주독서대전 시민공모전' 북튜버 부문, '남산도서관 북트레일러 공모전'에서 각각 최우수상, 우수상, 장려상을 수상하였으며, 현재 SNS 채널에서 북크리에이터로 운영 중인 사람의 인터뷰를 영상으로 보여 줌으로써 영상 학습 자료의 신뢰성을 높이고자 함.

3) 전반적인 책 소개 영상 제작 및 공유 과정에서 학생들이 출연하면서 준비하는 영상을 토대로 이해하기 쉽게 전달하고자 함.

4) 제작 시 유의할 점을 언급하여 저작권과 초상권 교육에 이해를 돕고자 하였으며, 북크리

에이터 체험 활동은 미디어 리터러시 및 저작권 교육을 몸소 체득하며 이해하게 될 것임.

나.사용방법

1) 책의 날 등 독서 관련 행사에 북크리에이터 활동 체험을 계획하는 경우 이 영상을 학생들에게 활용 가능함.
2) 독서 감상문, 독서 기록장 같은 일반적인 독서 후 활동보다는 흥미로운 콘텐츠 크리에이터와 같은 체험도 해 볼 수 있고(진로 체험), 독서 활동을 나 혼자가 아니라 관심 있는 모든 사람과 소통하면서 성장에 도움 되는 독서 후 활동을 하려는 학생이 시청하면 유용할 것임.
3) 북크리에이터를 통해 독서 지도에 관심이 있는 교사나 학부모도 이 영상을 통해 전반적인 책 소개 영상을 만드는 절차와 저작권, 초상권에 대한 이해를 돕는 데 활용함.
4) 학생들이 자신의 채널이나 학급 공유방에서 꾸준히 업로드하여 책 소개 영상 제작에만 그치지 않고 친구들로부터 다양한 긍정적 지지와 조언뿐 아니라 즐거운 독서 문화를 정착하는 데 활용할 예정임.

다.영상흐름

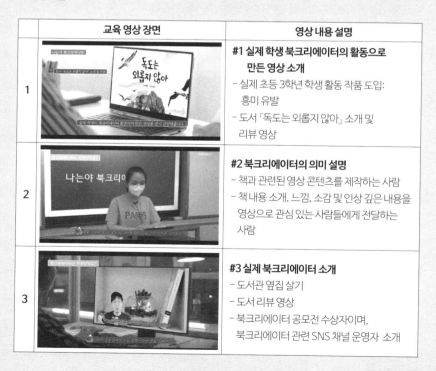

	교육 영상 장면	영상 내용 설명
1		**#1 실제 학생 북크리에이터의 활동으로 만든 영상 소개** - 실제 초등 3학년 학생 활동 작품 도입: 흥미 유발 - 도서 『독도는 외롭지 않아』 소개 및 리뷰 영상
2		**#2 북크리에이터의 의미 설명** - 책과 관련된 영상 콘텐츠를 제작하는 사람 - 책 내용 소개, 느낌, 소감 및 인상 깊은 내용을 영상으로 관심 있는 사람들에게 전달하는 사람
3		**#3 실제 북크리에이터 소개** - 도서관 옆집 살기 - 도서 리뷰 영상 - 북크리에이터 공모전 수상자이며, 북크리에이터 관련 SNS 채널 운영자 소개

4		**#4 북크리에이터 활동 장점** – 독서 후 활동으로 좋다. – 제작 영상 SNS 채널로 쉽게 공유 – 사고력 증진에 도움
5		**#5 북크리에이터 책 소개 영상 제작 과정 설명** 1. 책 선정, 2. 소개할 내용 생각하며 책 읽기, 3. 독서 대본 작성, 4. 필요한 장비 갖추기, 5. 대본 녹음하기, 6. 촬영하기, 7. 편집하기, 8. 채널에 공유하기
6		**#6 영상 제작 시 유의점** 1. 초상권 및 저작권 2. 무료 영상 및 음원 누리집 소개
7		**#7 북크리에이터 활동 정리 및 활동 응원** – 진로 체험 제공 – 사고력을 향상시키는 독서 활동 – 책 소비자이며 동시에 책 콘텐츠 생산자 – 북크리에이터 활동 응원 멘트

3. 기대 효과

가. 수동적인 소비자로서 독서 활동만이 아니라 도서를 매개로 콘텐츠를 생산하며, 직접 독서 후 활동에 다양한 매체를 활용하고 공유함으로써 학생들에게 즐거운 독서 문화 형성에 도움을 줄 것임.

나. 초등학생에게 관심이 많은 크리에이터라는 직업을 독서 콘텐츠와 접목하여 체험함으로써 진로 체험의 기회를 줌.

다. 책을 소개하는 영상에 필요한 장비, 영상 자료, 편집, 공유 과정을 실제 학생들의 활동 모습과 결과물을 활용함으로써 책 소개 영상 제작에 대해 어려울 것이라는 막연한 편견을 낮출 것임.

라. 북크리에이터 활동은 종합적인 과정으로, 참여적인 미디어 환경에 부합하고, 교육과정에서 국어, 음악, 미술, 실과(진로)뿐 아니라 창의적 체험, 범교과 교육 등 다양하게 적용할 것임.

음원 및 폰트	이미지 및 영상
- Coconut Island created by Lux (artlist license) - Keep It Simple created by Michael (artlist license) - Click Clock, 김성원, 공유마당, 기증저작물 - Spring Moon created by Leva (artlist license) - Roots created by Josh Leake (artlist license) - Cinematic Ambient Piano (motionelelemt license) - Piggyback created by Dan Pundak (artlist license) - Spring Moon created by Leva (artlist license) 폰트: 경기바탕체(자유 이용)	- 2 People, Asian, Cinematic, Framestockfootage (artgrid license) - bird flying in the sky (artgrid license) - Cliffs, Water, Splash, Rocks (artgrid license) - Green Screen, Greenscreen, Laptop, Woman (artgrid license) - Reading book (flaticon premium license) - Reading (flaticon premium license) - seagulls taking off from a rocky island aerial (artgrid license) - 독도 (서_동도,서도_서북쪽,서도에서 괭이갈매기) 4컷, 공유마당 자유이용저작물_서원수 - Non commercial, No derivate Works, Circle (flaticon premium license)

작품 설명서 작성법

작품 설명서에서 먼저 제작 동기를 보면 초등학생에게 인기 있는 직업을 언급했다. 다루려는 주제와 시의성의 연결고리를 짓고 있다. 기입상작에서 언급되지 않았던 북크리에이터가 되어보는 활동 소개는 나름대로 참신성 있는 주제로 선택했다고 볼 수 있다. 그리고 선정된 주제는 미술, 국어, 범교과 교육, 실과 교육, 독서 교육 등 교육과정 연계도 잘 이루어져 있다고 생각된다.

설명서에서 제작 내용은 심사 기준에서 제작 방법의 참신성과 맞닿아 있다. 학생이 직접 제작한 책 소개 영상을 도입 부분에 배치했던 점, 학생이 직접 영상에 출연하여 북크리에이터 활동에 참여하는 과정을 시청자에게 소개하며 이해를 돕도록 구성한 점, 북크리에이터 공모전 대회에 수상 경험이 있는 선생님으로부터 설명을 듣는 구성으로 신뢰성을 높이려고 한 점은 제작 방법에 신경을 쓰려고 노력한 점이 보인다. 다만 7분 길이의 영상 안에서 배경 음악과 효과음을 리듬감 있게 활용했지만, 강의식으로 진행된 형식과 북크리에이터가 되는 과정을 간단한 소개에만 그친 구성은 다소 아쉬운 감이 있다.

마지막으로 심사 기준에서 현장 적용 가능성은 설명서에서 사용 방법과 기대 효과와 관련되어 있다. 교육과정과 연계뿐 아니라 독서 행사, 독서 지도, 독서 후 활동에 북크리에이터 활동의 적용 가능성도 높아 보이다. 또 독서 활동만이 아닌 도서를 매개로 콘텐츠를 생산하며, 직접 독서 후 활동에 다양한 매체를 활용하고 공유함으로써 학생들에게 즐거운 독서 문화 형성에 도움을 줄 것으로 생각된다.

설명서 안에서 영상의 흐름은 시도별 대회에 참가할 때는 없었다. 심사 후 EBS 교육방송에 전국대회로 출품하기 전, 주위 분들이 영상 흐름을 넣는 것도 중요하다고 조언해 주어서 삽입하게 되었다. 심사위원이 작품 설명서를 보면 영상이 대체로 어떻게 진행되는지 이해하는 데 도움이 된다. 다만 의무는 아니다. 전국대회 등급 표창 기입상작을 보면 영상 흐름이 없는 1~2장 내로 아주 간단한 작품 설명서가 대부분이니까. 그럼에도 영상 흐름을 삽입하는 작업은 캡처를 하고 간단한 소개를 해 주면 된다. 그만큼 큰 시간이 들지 않기 때문에 영상 흐름을 삽입하면 좋겠다. 설명서 마지막에는 사용한 음원과 폰트, 이미지 등을 꼭 써야 한다는 점도 유의하면 좋겠다.

내가 출품한 영상에 대한 분석은 여러분이 직접 작품 설명서를 보면서 심사해 주셨으면 한다. 그동안 언급해 드린 내용을 참고하면서 부족한 점이 무엇이고 장점은 무엇인지 살펴보고, 만약 본인이 이 주제로 했다면 이렇게 만들면 좋겠다는 의견도 좋을 것이다. 만약 연구대회에 지원했는데 막히는 부분이 있다면 컨설팅을 받거나 주변 선생님들에게 도움을 청해 보는 것도 좋다.

가장 좋은 방법은 'EBS 교육방송 연구대회' 설명회를 참석하면 좋은데, 이번 연도에는 우리 지역 교육청에서 그런 자리를 마련하지 않아 아쉬웠다. 현재 대구미래교육원 유튜브 채널에는 대구교육청 소속 손유정, 김영진 선생님이 제28회 'EBS 교육방송 연구대회' 전국 1등급 사례를 나눔하는 영상이 있다. 15분 동안의 영상 안에는 이미 대회를 참여해 본 내가 들어도 알찬 내용이 많다.

렌즈에 담은 학교 현장 속 이야기

내가 가르치는 학급에는 열세 명의 아이들이 있다. 각자 개성이 뚜렷한 아이들이다. 아이들의 공통점이라고는 6학년 교실에서 함께 공부하는 정도겠다. 외모는 말할 것도 없고, 성격, 취미, 학습 방법, 태도마저 다르다. 글씨체도 천차만별이라서 학습지에 이름을 적지 않고 낸아이도 이젠 나무라지 않고 글씨체만 보고 이름을 채워 주고 있다. 당연히 살아온 방식도 다 달라서 쉬는 시간이나 점심시간에 아무 아이를붙들고 이야기를 나눠 봐도 시간이 훌쩍 지나갈 정도로 아이들의 주변에서 일어나는 일이 재미기도 하고 슬프기도 하다. 그러고 보면 아주영화 같은 이야기들이 오고 가곤 한다.

벚꽃이 바람 사이로 흩날리던 어느 날, 방과 후 빈 교실에서 글쓰기과제 검사를 한 노트를 학생들의 책상 위에 하나씩 놓아 줄 때였다. 아이들이 쓴 글의 내용 때문인지는 몰라도 그때 빈자리마다 2년째 만나고 있는 아이들의 삶이 머릿속에서 하나하나 떠올랐다. 바닷일을 하시는 아버지를 대신해 유치원과 4학년에 다니는 동생을 돌봐야 하는 아이의 삶이 어머니의 부재라는 단어와 함께 학생의 자리에서 스포트라이트를 받고 있었다. 과제를 항상 해 오지 않는 아이에게는 과제보다 어떤 재미난 일을 집에서 하는지 궁금증을 유발시키는 그 삶도 빛을 받고 있었다. 친구 관계로 항상 고민하는 아이의 삶, 쉬는 시간까지도 공부에 여념이 없는 아이의 삶, 친구가 마시지 않는 우유까지 마셔도 키가 작아 고민인 아이의 삶 등 헤아릴 수 없는 삶이 아이들마다 시기를 달리하여 매번 바뀌면서 학교 교실을 가득 메우고 있다.

그렇게 학생들의 책상을 하나하나 바라보면서 아이들의 이야기를 영상으로 엮으면 참 의미 있는 활동이 되겠다고 생각하게 되었다. 아이들의 삶은 그 자체로 소재가 되고 시나리오가 되기 때문이다. 일상적으로 흘러가는 학교가 사실은 영상을 담을 만큼 풍성한 이야기로 가득한 곳이라고 생각하니 그때부터 학교의 일상이 새롭게 느껴지고 있다. 그래서 아이들의 삶을 소중히 기록하고 삶의 이야기를 표현하기 위해 틈틈이 촬영하고 영상을 제작하는 것이다.

이 책은 제목처럼 학교 현장에서 삶이 담긴 교육 영상을 제작하는 이야기를 전해 주기 위해 집필했다. 카페에서 동료 교사와 교육과정을 위해 담소를 나눈다거나 방과 후 빈 교실에서 도움을 얻기 위해 찾아온 동료 교사와 오고 가는 이야기처럼 말이다. 그래서 촬영이나 편집과 관련해서는 좀 더 자세히 다루지 못한 죄송한 마음이 있다. 사실 책을 기획할 때 '교육 영상 제작과 프리미어 프로'라는 제목으로 교육 영상 제작을 위한 편집 프로그램을 안내하려는 의도를 가지고 있었다. 하지만 편집 관련한 책들이 이미 시중에 많이 출판되어 있고, 직업이 교사인 내가 학교 현장에서 교육 영상 제작 경험을 소개하는 것이 다른 선생님에게 도움이 되겠다라는 주위의 조언이 많았기에 지금의 책이 나올 수 있었다.

사실 우리는 교육 전문가이지, 영상 제작 전문가나 편집 전문가는 아니다. 영상은 많은 교육 도구 중 하나일 뿐이다. 아이들의 삶을 기록하고 표현하기도 하고, 아이들이 상상을 펼쳐나가도록 돕기도 한다. 아이들의 이야기를 귀담아 들어주고, 교육 영상으로 아이들을 더욱 빛나게 하는 것이다. 영상 촬영과 편집보다는 스토리텔링과 같이 영상이 가진 힘내용이 좀 더 우선되어야겠다.

촬영과 편집 등 기능적인 부분에 대해서는 유튜브 채널에서 검색하면 무수히 많은 튜토리얼 영상이 있다. 이 책을 읽고 좀 더 자세히 알고 싶은 부분은 검색을 통해 습득하길 바라며, 또한 이에 대해 양해의 말씀도 전하고 싶다. 급속하게 변하는 미디어 환경으로 인해 이미 높아질 대로 높아진 눈 때문에 영상 촬영과 편집에 두려움을 갖기보다는 아이들과 교사, 학부모, 지역 사회 등 아이들을 매개로 펼쳐진 다채로운 삶이 교육 현장 곳곳에서 영상을 통해 전해지기를 바라며, 나도 좋은 이야기를 끊임없이 전해 드리도록 노력하겠다. 앞으로 여러분의 좋은 작품도 기대하겠다.

|감사의 글|

책을 집필한다는 이유로 남편 노릇, 아들 노릇, 사위 노릇을 제대로 못 했지만, 오히려 물심양면으로 큰 도움을 준 가족들에게 미안함과 고마움을 전한다. 영상 제작 취미를 함께하고, 항상 조언과 저에 대한 사랑을 아끼지 않는 아내 조은경 선생님, 시도 때도 없이 카메라를 들이밀어도 거부감 없이 환한 미소와 웃음을 항상 지어준 사랑하는 완도 넙도초등학교와 금일초등학교 제자들, 교육 영상 제작에 큰 성장을 이끌어 준 한국교직원공제회 'The-K 크리에이터' 운영진님, 학교에서 물심양면으로 도움을 주신 박호심 교장 선생님을 비롯한 교직원분들 모두에게 감사드린다.